Martin Maria Schönberger

Von der Sexualität zur Polarität

Das verlorene und wiedergefundene Paradies

papyrus

CIP-Kurztitelaufnahme der Deutschen Bibliothek
Von der Sexualität zur Polarität: das verlorene und wiedergefundene Paradies / Martin Maria Schönberger
- 1. Aufl. - Hamburg: Papyrus-Verlag, 1982
(Papyrus extra)
ISBN 3-922731-12-0

SCHNEELÖWE
PRODUKTION

Erste Auflage 1982

Papyrus extra

Umschlaggestaltung: Rolf Baars
Layout: Monika Jünemann
ISBN 3-922731-12-0

Printed in Germany

INHALT

I DAS SEXUELLE PROBLEM

II POLARITÄT

VORWORT

Die Jugend der Welt ist auf vielen Wegen unterwegs, auf der Suche, geneigt durch bittere Erfahrungen mit der Generation ihrer Väter, auch die ältesten Überlieferungen über Bord zu werfen. Sucht aber nicht auch sie ein "verlorenes Paradies"? Könnte sie nicht erkennen, daß auch sie nur ein Glied ist in der unendlichen Kette dieser Sucher seit "Adam und Eva"? Der Verlust des Gleichgewichts von Mann und Frau, die Sexuelle Problematik, ist sie heilbar?

Die Frage enthält die Lösung: Gleichgewicht von Polen *kann* wiedergefunden werden. Nur *EVA* sprach in der Bibel mit der Schlange der Erkenntnis! Was verriet sie ihr? *Die Polarität!* Im Anhang: Epilog auf die "Ersten Dinge", in einem (psychoanalytischen) Gespräch mit der "Schlange" wird, wie ausführlich in diesem Buch versucht, Wege zu dieser Polarität in vielen Vorstößen aller Zeiten zu berichten, Irrwege zu ersparen. Sie sollten auch von der Jugend der Menschheit auf ihre Gültigkeit geprüft werden. Als heilsamen Gegenpol auf die allgegenwärtigen Ängste unserer Zeit findet der Leser eine Auslese solcher Sucher und Finder in unserem Literaturverzeichnis, als Beweis und Beleg der möglichen revolutionären Bewußtseinserweiterung der Menschheit, zur heilsamen **POLARITÄT**.

—Martin M. Schönberger

I. DAS SEXUELLE PROBLEM

Sexualität in polarer Sicht

Ist das überhaupt ein Thema, ein Problem? Ist nicht die sexuelle Vereinigung männlicher und weiblicher Lebewesen *die* universelle Manifestation der polaren Naturordnung?

Wie kann hier ein Mißverständnis bestehen, und die Notwendigkeit einer Einordnung in einen polaren Aspekt überhaupt entstehen?

Daß Sexualität tausendfach verschiedene Aspekte haben kann und historisch gehabt hat, wird schon bei geringen Kenntnissen der Menschheitsgeschichte deutlich. Daß die "Sittengeschichte der Völker" noch für unsere Väter *den* Aspekt des Tabuierten – mit sündhafter Neugier und Lust gelesen – schlechthin darstellte, mag uns sogar belustigen. Unsere ältere Generation durchstöberte mit zielsicherem Instinkt die sorgfältig verborgenen und verbotenen Bücher. Sie bezog daraus die Informationen über Geburt und Geschlecht, uber die merkwürdigsten Verirrungen des "Geschlechtstriebs" aller Völker und Zeiten, und wurde zugleich auch bestraft für die Neugier durch die Information über wirkliche, damals folgenschwere Geschlechtskrankheiten wie die Syphilis, aber auch durch schauerliche Märchen von "Wissenschaftlern" über die furchtbaren Folgen der Onanie.

Nun, zum Problem wird dieses Basisphänomen Sexualität erst für den *Menschen,* den Sprachbegabten, der Dingen, Pflanzen und Tieren Namen gibt, Begriffe bildet und den Sinn dieses Ganzen entdeckt, der aber gleichzeitig durch diese Gegenüberstellung zur Natur aus dem Paradies der primären archaischen Naturverbundenheit herausgefallen ist und sich seitdem bemüht, seine merkwürdige Verfremdung zu verstehen.

Das Tabu

Die Bibel berichtet sehr deutlich, daß – merkwürdig genug – ihm nach diesem Sturz zu allererst der Geschlechtsunterschied, die Genitalien zum Problem werden, daß eine sehr merkwürdige Distanzierung zu seiner Selbstwahrnehmung eintritt.

"Sie schämeten sich". Sie , Mann und Frau, lösten das Problem sehr einfach, indem sie den Ort des Problems bedecken, verdecken. Eine magische Abwehrhandlung? Kleidung als Beginn aller Kultur? Ist die Verdrängung lösbar durch Rückgängigmachen, durch Exhibition? Der Fragen wäre kein Ende. Auf jeden Fall wird hier schon die Sexualität als *Problem* sichtbar – das *erste* Problem nach dem Verlust des Paradieses, des irdischen Himmelreichs.

Matriarchale Kindheit

Dieses Problem existiert *nicht* im Paradies der frühen Kindheit. Nämlich: jeder Mensch, so wie er im Mutterleib bei seiner embryonalen Entwicklung frühere Stadien des Lebens wiederholt, wie Existenz im Wasser, durch Anlage von Kiemenspalten, wiederholt er vergleichsweise im Mutterleib und als Neugeborener in der innigen Verbundenheit mit der Mutter auch jenes biblische Paradies. In diesem Primärerlebnis*, bei dem alle Spannungen noch undifferenziert verschmolzen, ohne festen Kern, ohne Ich erscheinen, ist die Mutter noch monatelang nach der Geburt sichtlich in unmittelbarem Verständnis und durch Befriedigung aller Spannungen und Bedürfnisse des Säuglings mit ihrem Kind verbunden, eine Einheit. Wie durch göttliche Allmacht – mag es diesem scheinen – geschieht sein Wille, wird Unlust "gestillt".

In mancher Drogenerfahrung werden intensive früheste Babyerlebnisse hochgespült, ohne psychoanalytische Bearbeitung bleiben sie freilich unverstandene und isolierte Erlebnisse.* Schon vor zwei Generationen beschrieb Beaudelaire diese "künstlichen Paradiese", vor 30 Jahren A. Huxley in "Himmel und Hölle" der Meskalin- und LSD-Trips. Nur bei intensiver fachlicher, d.h. psychoanalytischer Assistenz und Nachbehandlung mag das Wiedererleben frühester Kindheit eine Neurose heilen helfen, Bewustseinserweiterung wirklich glücken. Weit häufiger endet der unkontrollierte Horror-Trip in tiefster Verlassenheit und Verzweiflung. Immer aber enden die durch Droge erschwindelten Paradiese mit dem Erwachen, sie sind ohne intensive Nachbearbeitung in der Therapie sinnlos, nutzlos, ja zerstörend.

---

* Siehe auch: Lit. C. G. Graber
* Frederking, 1952, in der Zeitschrift PSYCHE

Trotzdem möchte ich zur Erhellung des Themas zwei Beispiele aus psychotherapeutischen Behandlungen berichten. (LSD war damals ärztlich verordnungspflichtig und -fähig!)

Beispiel 1:

Ein depressiver Mann, Asthmatiker, erlebt mit LSD (30 Microgramm) extreme ewige Finsternis und Verlassenheit, eisige Kälte kriecht von unten her zum Herzen.

Deutung: Asthma als unterdrückter (!) Schrei, Seufzer nach der Mutter, Mutter ist abwesend, eingenäßte Windeln kühlen aus. Es gelang, die Ehefrau dafür zu gewinnen, dem Mann besonders bei Asthmaanfällen durch Hautkontakt, liebevollen Blickkontakt die nicht erlebte Mütterlichkeit "nachzuliefern". Seit Jahren kein Asthma mehr, Stimmung und Ehe sichtlich gebessert.

Beispiel 2:

Kernneurose eines 40jährigen Mannes mit sehr frühem Verlust der Mutter: Ein ewig erscheinendes intensives Glückserlebnis, gekoppelt mit inniger Verbundenheit mit der Mutter, er fühlte sich wie das Knäblein im Arm der Stuppacher Madonna Grünewalds, als Glück und Erfüllung der Mutter ebenso wie diese als Antwort auf seine Existenz, die Grenzen zwischen ihm und ihr schienen aufgelöst. In der Nachbehandlung tauchten viele positive, bisher verschüttete Muttererinnerungen und -gefühle auf. Der Erfolg war gute und dauerhafte Besserung der Partnerbeziehung.*

---

* Eine Fülle klinisch dokumentierter LSD-Erfahrungen, geradezu eine Kartographie des Unbewußten, berichtet Stanislav *Grof* in seinen Büchern: "Topographie des Unbewußten", *Klett-Cotta, 1978* und "LSD-Therapie", Qualander Verlag, Stuttgart.

Lebenslange Prägung

Glückt diese paradiesische Ko-Existenz von Mutter und Kind also, dann bildet dieses Primärerlebnis den dauerhaften Kern des Ich, ein unschätzbares Kapital für das ganze Leben.

Ein solcher Mensch ist ausgezeichnet durch hervorragende emotionale Stabilität und dadurch Freiheit von Angst und Depression, die ja als Verlust dieses biologischen und emotionalen Gleichgewichts verstanden werden können. Sogar schwerste Erschütterungen, Verlust von Partner, Besitz, Gesundheit, werden von so geprägten, als Säugling tief befriedigten Menschen durch relativ kurze Trauerarbeit bewältigt, diese Menschen bleiben geöffnet für die Vielfalt des Lebens, "das Leben geht weiter". Konnte aus irgendwelchen Gründen (weil sie es zu dem Zeitpunkt selbst nicht hatte) die Mutter dem Kind keine stabile und dauernde Einheit des Lebensgefühls mitgeben, ist lebenslange *Labilität* von Vegetativum und Psyche die häufige Folge. Wenn auch lange Jahre latent unter dem "Charakterpanzer" verborgen und erst durch Schicksalsschläge aufgebrochen, wird dann die depressive Neurose offenkundig. Aber auch die folgenden Entwicklungsstufen der Motorik, das Erlebnis, zuerst der Mutter und dann der Umwelt als "Du" entgegenzutreten, das schrittweise Bewußtwerden des Körpers und seine Unterwerfung unter das steuernde "Ich", sind weitgehend in Tempo und harmonischer Entwicklung von dem günstigen Verlauf des ersten Lebensjahres mit seiner allerersten Zuwendung zur Mutter (= die *Welt* des Säuglings) und deren Beantwortung durch die Mutter abhängig. Verläuft diese Entwicklung positiv, dann werden die Stufen der Körpererfahrung ebenso wie die Umwelt mit besseren Chancen bewältigt.

Das Enthaltensein der späteren Verästelungen dieser primären Einheit in stufenweiser "Besetzung" oraler, analer, urethraler, genitaler (Mund – After – Harnröhre – Geschlechtsorgane) Körperzonen hat ja Freud zu der provozierenden Formulierung vom "polymorph perversen Säugling" veranlaßt.

Er meinte mit Perversion die krankhafte, vom ganzheitlichen Erlebnis abweichende Fixierung, das Steckenbleiben auf einer dieser Reifungsstufen. Wir alle kennen die erwachsenen Übergewichtigen mit Säuglingsgesichtern, den süchtigen Raucher und Trinker mit seinem Anspruch auf *sofortige* Befriedigung, der oft den Kern der Sucht bildet, ja in der psychoanalytischen Theorie der Psychose, der Schizophrenie, wird deren Entstehung ins erste Lebensvierteljahr datiert! Wenn der dogmatische Psychiater immer noch zu faul ist, diese früheste Phase zu erforschen, ist eben *alles* endogen. Sehr viele "endogene" Depressionen entlarvte ich – mit therapeutischem Erfolg – als reaktiv, d.h. exogen.

Der sexuelle Komplex – ein Fehlurteil?

Glückt nun diese Passage vom undifferenzierten Primärzustand zur Integration dieser Partialtriebe, dann erst ist das Ich (etwa im 6. Lebensjahr) als Einheit erreicht, ausgezeichnet durch Gedächtnis, Realitätsbewußtsein, Kontrolle der Körperfunktionen. Aber sichtlich ist auch damit das Paradies der Einheit mit der Mutter verloren. In der letzten, der *phallischen* (Phallus = Penis) Phase, wird der *Geschlechtsunterschied* auch bei bestgemeinter Aufklärung sowohl von Jungen wie von Mädchen – notabene in unserer patriarchalen Zivilisation – als entweder *Vorhandensein* oder *Nichtvorhandensein* von Männlichkeit *regelmäßig* auch heute noch falsch verstanden, falsch programmiert. Männlichkeit, so schaltet das unfertige Urteilsvermögen, kann nur entweder gegeben oder verloren sein, etwa wie die Milchzähne, der berühmte, immer wieder geleugnete und bei jeder Psychoanalyse auffindbare Kastrationskomplex.

Der *Junge* wird ängstlich, – *ES* könnte verlorengehen, wie er blitzschnell beim Anblick des Schwesterchens schließt, wie wenn hier etwas *fehle, weg* sei, der noch unreife Verstand bildet einen falschen Begriff, dieser kann dann nur unter erheblichen Schwierigkeiten und mit Angst verbunden auftauchen. Unter Kameraden ist diese Gefahr ferne.

Das *Mädchen* wird ihr Geschlecht als "Minus" empfinden. Es scheint rätselhaft verlorengegangen, der "Rest" dieses Unfalls ist ihr Genitale. Auch hier entsteht blitzschnell eine falsche, jedoch äußerst zäh verankerte *Begriffsbildung.* Die spätere Periodenblutung bestätigt scheinbar nur diesen Schluß, sie erscheint logische Folge einer Verletzung, aus normalen Empfindungen wird Schmerz und Krampf, schmerzhafte Periode, Dyspareunie,* oft lebenslang-

* Schmerzhafter Geschlechtsverkehr.

liche Frigidität. Von 10.000 Frauen erfragte ich nur bei weniger als 1 % Aufklärung über Periode, fast nie über Verkehr. Merkwürdigerweise nennt jedoch Freud diese letzte Etappe nicht die genitale (d.h. beide Geschlechter betreffend), sondern die phallische! Dies entspricht zwar dem kindlichen Augenschein, der auch heute noch viel nachdrücklicher als erklärende Worte das Kind beeindruckt, denn der sonst so wichtige Anschauungsunterricht liefert nur die oben erwähnte Fehlinformation: wo ich nichts sehe *ist* nichts, oder ging es verloren? Wächst vielleicht noch etwas nach? Denn das Glied ist "sichtbar", Scheide und Gebärmutter sind verborgen, "unsichtbar". Dadurch vermag allermeist auch die bestgemeinte Aufklärung den eben beschriebenen *Kastrationskomplex* nicht zu verhüten – diese Panne kann jedoch verhindert werden, wie unser Hinweis zum Thema Sexualkunde-Unterricht im weiteren Text aufzeigt.

Verewigtes Mißverständnis

Durch die Unfähigkeit, den logischen Widerspruch zu verstehen, sowie durch das schiefe Verständnis: es gibt Menschen "mit" und "ohne" Glied, wird schnell das "Doktorspiel" unbehaglich und bei Wiederholung als Erinnerung an ein peinliches, unlösbares Problem wieder aufgegeben. Beim Jungen unter mehreren Schwestern droht als Folge betonte Weichheit und Nachgiebigkeit als Lösung, um dadurch den phantasierten möglichen Verlust zu vermeiden – Mädchen beenden oft abrupt ihr Interesse an etwas, was sie nicht "haben" – hin ist hin –, mit auffallender Abneigung, ihren *eigenen* Körper zu erforschen, mit Frigidität oder auch später besitzergreifender "Liebe" zu Mann und Sohn (ich *bin* zwar kein Junge, aber ich *habe* einen Bruder, Sohn, Vater). Ein Teil ihrer selbst scheint irgendwo draußen. Ohne männliche Bezugsperson fühlt sie sich als ein *Nichts*. Maßlose, langjährige Trauer um einen verlorenen Sohn ist die Folge. Es würde den Rahmen dieser Studie sprengen, auf die ebenso lebenslange Prägung durch die erste Verliebtheit (oder Enttäuschung) durch das andere Geschlecht einzugehen, bei der es die Mädchen sichtlich schwerer haben, da bei ihnen die überwiegende Zuwendung zur Mutter, der ersten Liebe sozusagen, oft nur mühsam zum Vater abgezweigt und verlagert wird. Der Junge hingegen erlebt eine erste Verliebtheit (oder Enttäuschung) durch die Mutter. Wird diese erste Liebe enttäuscht, wendet er sich vorübergehend dem Vater zu, der bisher oft als Störenfried erlebt wurde, während das Mädchen die Mutter als Rivalin erlebt.

Jedenfalls erregt der halb- und falschbegriffene Geschlechtsunterschied Abwehr, das Problem wird *verdrängt,* es folgt die für die kulturelle Entwicklung (Schule) so wichtige Latenzperiode bis zur Pubertät. Ein neues Verhalten ermöglicht es beiden Geschlechtern, das Problem zu *vermeiden:* Bei Junge wie Mädchen entsteht *Scham,* Klo und Bad werden versperrt und damit schließt sich gleichzeitig die Tür des Kindheits*paradieses.* Patriarchale *Ordnung,* nach vergleichsweise matriarchalem *Glück,* tritt nun in ihre Rechte mit zahllosen Zwängen aller Art, sowohl in Schule wie Familie, sie regiert die nächsten Jahre.

Wurden nun orale, anale, urethrale, genital-phallische Erlebnisse *nicht* zur Einheit integriert, sondern teilweise als Fremdkörper verdrängt, Ich-fremd abgespalten, männlich und weiblich als gegensätzlich und irgendwie einander feindlich erlebt, ja die Mutter selbst zum Zerrbild verfremdet, dann überdauert ebenso wie die geglückte Mutterbeziehung als Basis von Weltvertrauen – Glaube, Hoffnung und Liebe – diese Verfremdung als Hemmung, als Neurose und vor allem als Unfähigkeit zur *polaren* Liebe.

Hier ist die Wurzel isolierter Sexualität, also unser Problem; Sexualität, die sowohl suchthaft gesucht wie geflohen werden kann.

Trennung von "Sex" und Liebe

Psychologisch sind sowohl die Perversionen aller Art, der ganze Katalog von Verirrungen und Fixierungen von feinster psychischer Tönung bis zum Lustmord, wie auch die gegenteilige Hemmung, von psychischer Kühle, Blindheit gegenüber allem Sexuellen bis zur Impotenz oder Unfähigkeit zum Orgasmus durch frühkindliche Prägung nachweisbar begründet. Nach neuesten Forschungen kann die hormonale Prägung zur Homosexualität schon im Mutterleib erfolgen* – Hormone als ganzheitliche Einwirkung der Mutter auf die Frucht verstanden. Alle diese äußerst widersprüchlichen Neurosen sind nur zwei Seiten derselben Medaille: Antrieb und Hemmung, viktorianische Prüderie, die noch gedrechselte Tisch- und Stuhl-"Beine" mit Plüschröckchen versah, Exhibition, Porno und religiös drapierte Leibfeindlichkeit von 2000 Jahren Kirchentum. Sadismus und Masochismus, früheres totales Verschweigen des Sexuellen und heutiges totales Zureden, Vermarkten des Sexuellen, latente und manifeste männliche Homosexualität sowie lesbischer Feminismus agressiver Art zeigen nur zwei Seiten des einen Problems: Sexualität.

Bemerken wir nicht hier, die auch noch in der Verzerrung, in der Fratze des Liebeserlebnisses – beziehungsweise der Sexualität – sichtbaren polaren Aspekte, also den zweiten Teil unseres Themas? Nach dem Umweg von paradiesischer Verschmelzung im seligen, zeitlosen Primärerlebnis des Mutterleibs und Babydaseins zur leidvollen Geworfenheit in unsere erwachsene, zerrissene Zivilisationswelt des 20. Jahrhunderts sind wir ja noch keineswegs durch die sexuelle Enthemmung mit dem Problem fertig.

Tabu besteht weiter

Ja für den Psychologen ist das sexuelle *Tabu* keineswegs entmachtet, wie man vielleicht allgemein annimmt. Es ist lediglich transformiert in Interesselosigkeit, oder Banalisierung, ja Kommerzialisierung. Der Geschlechtsakt erscheint indifferent wie Zähneputzen – warum soll man *Es* überhaupt tun – oder warum nicht gleich? Daneben häufen sich Transformierungen der sexuellen Faszination in feindselige, ja sadistische Aktivität, in kollektives Ausweichen in Vernichtungsinstrumente aller Art von der Pistole bis zur Atomrakete. Die Technik wird zum Fetisch, perfekte Technik der Sexualität wird propagiert – Impotenz ist häufig der Erfolg. In USA dauert, statistisch belegt, die sexuelle Vereinigung im Durchschnitt nur einige Minuten – aber in jedem zweiten Haushalt lagern Schußwaffen, Symbole der Selbstbestätigung männlicher Potenz. Dies alles bei *scheinbarer* Lockerung des sexuellen Tabus. In den sozialistischen Staaten wiederum besteht die offene Reglemen-

---

* Berliner Kongress für Endokrinologie 1981, *Prof. Dr. Günter Doerner* (Selekta Nr. 38 / 1981, S. 2688), Homosexualität – ein pränataler Hormondefekt?

tierung der Sexualität weiter.: z.B. kein Sexualkundeunterricht in der UdSSR, Zärtlichkeit in der Öffentlichkeit ist anstößig. Ist dort lediglich die Hemmung der Sexualität gegenüber dem Westen um eine Generation zurückdatiert? Ist die scheinbare Enthemmung im Westen nur eine Pervertierung und eine weiterhin bestehende Isolierung der Sexualität als "Fremdkörper"? Besteht also hier im tiefsten Grunde eine in Ost und West gleiche Tendenz? Gibt es eine geheimnisvolle Entsprechung, eine Analogie zwischen den Neurosen und Perversionen, der Angst und des Mißtrauens des Einzelmenschen zu den ungeheuer anschwellenden Spannungen der Nationen? Ist vielleicht sogar die skrupellose Rüstung nur die Kehrseite von Porno, Abtreibung und Zerstörung aller menschlichen Werte? Wo liegt die Ursache? Welcher dämonisch anmutende Antrieb steckt dahinter? Wie lange schon besteht diese fundamentale Störung bei Individuum sowie Gesellschaft?

Sexualität und Patriarchat

Wir verfolgten mit Freud die Entwicklung der Sexualität bei Knaben und Mädchen bis in die frühe Kindheit – die Entdeckung der kindlichen Sexualität war für die viktorianische Welt ein Skandal. Die Psychoanalyse löste eine Revolution aus! Vielleicht bewirkt die Erforschung unserer Sittengeschichte und die Analyse ihrer tieferen Gründe ebenso unerwartete und schockierende Erschütterungen der östlichen wie westlichen Zivilisation – vielleicht sogar einen Weg zur Heilung, von Individuum und Gesellschaft. Ich möchte hier auf einige sehr merkwürdige Parallelen hinweisen:

Ganz ähnlich wie die Sexualität der Erwachsenen geprägt ist durch Mißverständnis, Fehlverarbeitung und Verdrängung (weil unerträglich!) sexueller Eindrücke der frühen Kindheit, d.h. den Kastrationskomplex mit seiner so verschiedenen Auswirkung bei Jungen wie Mädchen. So ist ganz analog die Einstellung zur Sexualität der geschichtlich überblickbaren Zivilisationen in Ost und West, also seit sechs- bis achttausend Jahren, durch ein ganz ähnliches *Trauma* verletzt, mißverstanden, verformt. Das ganze revolutionäre Erlebnis aber ist *verdrängt* und seit dieser einschneidenden Umwälzung die vergleichsweise vorher paradiesische Welt fast unverändert starr und konsequent geprägt. Dieses bis in die tiefsten

Tiefen gehende Trauma ist jedoch bisher weitgehend unbewußt, unangreifbar und daher unverstanden gewesen, ganz so wie der private Kastrationskomplex.

Patriarchat – ein Komplex?

Dies ist unsere neue These. Genau wie bei Freud's Entdeckung ist auch hier schon bei der Namhaftmachung des Komplexes, bei seinem Deutlichwerden heftigster Protest von Individiuum und Gesellschaft zu erwarten.

Was war das Trauma? Was die Revolution? Welche falsche Grundeinstellung vereint die entferntesten Zivilisationen so ausschlaggebend? (Ausdrücklich ausgenommen die primitiven und die vernichteten amerikanischen Kulturen sowie einige überlebende kulturelle "Inseln" – s.u.)

Es ist die *Männerherrschaft,* das *Patriarchat!* Mit ihm wird das Trauma (sind Sie neugierig, welches?) entschlossen verdrängt, fünf Millionen Jahre Menschheitsgeschichte zu Mythos, ja Märchen gestempelt, Klarheit geschaffen – die *Geschichte* beginnt – und "die Sittengeschichte" der Sexualität ebenso. (Übrigens, Sexus stammt von secare = schneiden!) Hier einige Belege:

In Joachim Illies' Taschenbuch "Drei Kulturforscher – drei Bilder vom Menschen"* wird deutlich, daß wir erst seit einigen tausend Jahren in einer patriarchalen Welt leben, daß das vorher ungleich längere, Jahrhunderttausende alte *Matriarchat* regierte, das sichtlich nicht mit Naturzerstörung, Weltkriegen oder gar Weltuntergang endete. Droht uns der Untergang, weil die Frauen, seit Jahrtausenden entmachtet, als regulierender Faktor fehlen? Geknebelt? Mundtot?

Er berichtet, wie *Bachofen* die Kultur Kretas als *matriarchal* erkannte mit Künsten aller Art, einer hohen Kultur von sublimer Eleganz, ein schönheitstrunkenes Reich der Frauen, das durch Naturkatastrophen und fast völliges Fehlen von Waffen, Rüstung und männlicher Organisation um etwa 1700 v. Chr. unterging.

Droht uns in polarer Ergänzung der Untergang durch Versagen der Frauen?

---

* Siehe auch: Literaturverzeichnis

Ist durch die männliche Emanzipation, das Patriarchat "ETWAS" seit 6 - 8000 Jahren schrecklich schief gelaufen?

Depression durch Patriarchat

Malinowsky und andere fanden viele matriarchale Organisationen. Allen gemeinsam ist die auffallende Heiterkeit und Gemütswärme ihrer Kinder und Erwachsenen, bei größtem äußeren Elend, sichtlich frei von Depression!

In einem Vortrag vor Ärzten und Psychologen des Müttergenesungswerkes vertrat ich die Hypothese, daß unsere moderne westliche Welt überall diese Heiterkeit verloren hat und den eindeutigen Stempel von Depression trägt, weil *alle* Frauen durch das Patriarchat seit einigen Jahrtausenden frustriert, gedemütigt und mehr oder weniger depressiv gestimmt seien. Diese Gestimmtheit wird durch die Kommunikation mit dem Kleinkind, ja vielleicht schon dem Ungeborenen (ich verfüge über eindeutige Fälle aus eigener Praxis) *übertragen* und der depressive Ich-Kern "macht" wiederum lebenslang mehr oder weniger depressive Mütter, die wiederum ihre Depression von Generation zu Generation überliefern. Vielleicht ist diese Sicht und Begründung der privaten und kulturellen Depression als ursächlich durch das Partiarchat bedingt doch eine grundsätzliche und neue Erkenntnis. Kaum zu trennen ist diese Depression von der patriarchalen Prägung der Sexualität. Hier haben wir möglicherweise die Wurzel einer tiefen, jahrtausendelang *leidvollen Veränderung des Bewußtseins* von Individuum und Gesellschaft.

Patriarchale Sexualität

Entscheidend sind nämlich durch diese kulturelle Depression – auch ohne daß uns dies bis jetzt bewußt wäre – *alle* Bereiche der Beziehungen der Geschlechter, von sublimster Liebe bis zur rein anatomischen Verbindung, die anscheinend gar keine andere Deutung erlaubt, alle diese dramatischen, lyrischen, idealistischen, brutalen, erotischen oder legal-ehelichen Beziehungen auch in den größten Meisterwerken unserer Literatur der letzten Jahrtausende samt und sonders durch eine *patriarchale* Brille gesehen worden. Analysiert, *ohne* "Brille" ist eine neue Sicht der Liebe wie der Sexualität not-wendig. Übrigens: Matriarchat und Patriarchat sind hier weniger als ethnologische, sondern als psychologisch-soziologische Realität gemeint!

Wie grundlegend, und – bisher kaum kritisch beachtet – das Patriarchat in den Weltanschauungen, in den Philosophien, den Religionen des Christentums und des Islams alle Welt bestimmt, Gott als Vater, als Mann herrscht, ist ein noch fast unangetastetes Erbe unserer patriarchalen Geschichte. In seiner "Theologie der Sexualität"* weist Joachim Illies auf zahlreiche, folgenschwere Aspekte dieser Verfremdung und Veränderung früher Mutter-Göttinnen zur Vater-Gottheit hin. Erst jetzt wird deutlich, daß alle großen Weltreligionen auf einem schon einige jahrtausendelang solide zementierten patriarchalen Boden erwuchsen. Christus *sprach* mit Frauen in einer für seine Umwelt schockierenden Offenheit und mit personaler Zuwendung als ebenbürtigen Partnerinnen – jedoch schon Paulus mahnte sie zum *Schweigen.* Die Weltreligionen (mit Ausnahme des Buddhismus und Taoismus) sind also ebenso wie die sozialen, wirtschaftlichen, technischen, wissenschaftlichen, militärischen, politischen Strukturen seit Jahrtausenden von der Wurzel bis zu ihren feinsten Verästelungen einseitig auf männlichen Herrschaftsanspruch und Unterdrückung aller auf diesen Gebieten berechtigter weiblicher Ansprüche und Leistungen erbaut worden. Nietzsche schreibt: Sexualität reicht bis in den Wipfel des Geistes!

Alle Beziehungen von Mann und Frau in Liebe und Leben, Gesellschaft und Religion hatten also im Matriarchat *ganz* andere Aspekte!

Die Erwähnung des Freud'schen Kastrationskomplexes ruft, besonders bei Frauen, Widerstreben hervor. Auch er gehört natürlich zur einseitigen patriarchalen Seite, zur einpoligen, zur monopolistischen Sicht.

Ich möchte ihn polar ergänzen.

---

* Siehe auch: Literaturverzeichnis

Matriarchale Sexualität

Ich weiß durch Überblick über 10.000 Frauen im Müttergenesungsheim, wie sehr Frauen durch diesen ganz auf den phallischen lokalen männlichen Aspekt der der Sexualität versessenen *Monopolismus* leiden, unfähig zur gleichgewichtigen Liebe sind, weil *ihr* weiblicher Aspekt des Sexuellen, das Gebären, das Stillen, die Einheit mit allen Müttern, das von Männern nicht nachvollziehbare Bewußtsein des Hervorgegangenseins aus einer Mutter, die wiederum aus einer Mutter, wiederum aus einer Mutter, wiederum aus einer Mutter entstand, die besondere *weibliche* Einheit von Seele und Leib, weil dieser weibliche Aspekt, das polare Gegengewicht zu allen männlichen Ansprüchen jahrtausendelang in kränkendster Weise verschüttet, vernichtet wurde.

Die *vaginal-uterine Sexualität* ist
das polare Pedant der *phallischen!*

Sexualität in matriarchalen Kulturen ist uns nicht klar vorstellbar: Ein alle Frauen solidarisch vereinigendes, ungeheuer starkes Lebensgefühl, untrennbar von der Quelle allen Lebens, *Natur selbst* zu sein (natura = die Gebärende!). Dieses Lebensgefühl strahlt noch jetzt in den Gesichtern der "primitiven" Frauen matriarchaler Kulturen der Südsee, Afrikas, Asiens. Lächeln, Singen, Sprechen – eine matriarchale Erfindung? Muttersprache heißt es, nicht Vatersprache! Ich ahne die angstvollen Komplexe der Männer im Matriarchat, verstört durch die erschütternde und frustrierende Erkenntnis, niemals gebären, nicht stillen, *nicht voneinander abstammen zu können* – immer nur von einer Frau. Denn die Zeugung durch den Vater, gar die Person eines Vaters sind sämtlichen Naturvölkern unbekannt.* Ebenso wie in weiten Teilen Afrikas Krankheit und Tod nicht vernünftig in unserem Sinn, sondern durch Zauberei erklärt werden – entsprechend der magischen Bewußtseinstufe der Menschheit (J. Gebser) – wird allenthalben Schwangerschaft, z.B. die ersten Kindsbewegungen einem Ereignis zugeschrieben: einem Todesfall kurz vorher – "der Tote verkörpert sich wieder". Ahnengeister warten für den Natursichtigen an der Quelle, im Wald, an Wegkreuzungen, in der Nacht – sie schlüpfen

---

* Siehe auch: Lit. , Fester u. a. "Weib und Macht"

in den weiblichen Körper und er-zeugen die ersten realen Kindsbewegungen, wenn er *geöffnet*, d.h. geschlechtsreif ist – und Verkehr, etwas so alltägliches wie Essen und Trinken, findet ja jederzeit statt. Wohl erst nach Millionen Jahren Menschheitsgeschichte wurde der Zusammenhang von Same und Frucht, von Saat und Ernte rational erkannt und genutzt, in einem vereinfachten Denkschluß mit Befruchtung und Geburt bei den Ackerbauern und Viehzüchtern als zusammengehörig deutlich. Bis dahin war nur die Abstammung von Müttern bekannt, Bruder und Schwester als von *einer* Mutter abstammend bekannt und überliefert. Der Bruder war wohl *die* wichtigste männliche Beziehungsperson, zugehörig zur mütterlichen Verwandtschaft wurde er vielleicht Beschützer von Mutter und Schwester und auch der Nachkommen der Schwestern. Als Onkel übte er die erste patriarchale Gewalt aus, wie noch in der Nibelungensage Onkel Hagen über Krimhild grimmige Autorität beansprucht. Über die Onkelherrschaft (Avunculat) kam es wohl nach ersten festen Wohnsitzgründungen mit Ernte und Speicher, Viehzucht und Stall (Besitz!) zu *der* gewaltigen Revolution. Es war der Aufstand der bis dahin aus dem dominierenden Kreis der Mütter und Kinder (schon bei Hominiden) an den Rand der Gruppe verdrängten frustrierten Männer. Diese Revolution mag sich mit heftigen Schwankungen über lange Zeiträume erstreckt haben. Blühendes Matriarchat: die Männer am Herd, Kinder behütend. Auch dies ist bezeugt! Die Mythen: Zeus habe die Göttin Athene aus seinem Haupt, den Dionysos aus seinem Schenkel geboren, sind männliche Aufschneidereien, verraten das Trauma der Männer. Gehört die Entstehung der Eva aus Adams Rippe in dieselbe Kategorie?

Patriarchat durch Fehlurteil

Diese ersten Beobachtungen von Saat und Ernte, Begattung und Geburt im Sinne ursächlichen Zusammenhangs schlossen also Fehlurteile nicht aus – sie wurden sogar durch die explosive Entwicklung des Denkens, die rationale Stufe des Bewußtseins der Menschheit nach J. Gebser in Ost (Laotse, Kung-Futse, Buddha) und West (Heraklit, Sokrates, Plato, Aristoteles) belastet durch die Möglichkeit falscher Deutung von Beobachtungen und dadurch falscher

Beurteilungen (z.B. Sophisten) verewigt! So wurde nun der pflanzliche Same, der die *volle Vererbungsmasse* enthält, mit dem männlichen Samen, der nur die *halbe,* die *väterliche* Erbmasse enthält, scheinlogisch verbunden und das Weib lediglich als Ackerboden verstanden. Noch in dem winzigen Männlein, das der Holländer Swamerdam im Kopf der Spermatozoen unter dem Mikroskop "sah", vor allem aber in den patriarchalen Lehren der Kirchen*väter (wo sind sie geblieben? – die Mütter)* ist diese Lehre mit wissenschaftlichem Anspruch verankert. Erst mit der Entdeckung der Chromosomen vor wenigen Jahrzehnten, der Reifungsteilung in Eierstock und Hoden, wurde erkannt, daß die Befruchtung die Vereinigung *gleichwertiger, gleichgewichtiger Erbanteile* bedeutet. Die DNS des Samens – wie der Eizelle enthält nur die *halbe* Erbmasse von Vater und Mutter, durch die Verbindung beider entsteht der volle Chromosomensatz! Erst vor etwa zwanzig Jahren wurde *die* große Entdeckung neben der Kernenergie des Atoms, nämlich die Zusammensetzung des Zellkerns, der DNS (Desoxyribonukleinsäure) und der Genetische Code gefunden. *Der grundlegendste Irrtum des Patriarchats beruht auf einem Denkfehler, der aufgrund ungenügender Kenntnis der Tatsachen für Jahrtausende den Patriarchen die Berechtigung zur Erklärung der Frau zum Objekt des Mannes lieferte.* Sie war von nun an kein eigenständiges *Subjekt* mehr. In der islamischen Gesellschaft wird noch heute die Jungfernschaft mit drakonischen Methoden bewacht, schon Knaben bewachen ihre Schwestern "wie scharfe Wachhunde". Nach der Hochzeit wird ein blutbeflecktes Tuch als Zeichen der Defloration im Triumph durch die Stadt getragen. Ein deutscher Gastarbeiter in Saudi-Arabien erlebte entsetzt den Aufruhr im ganzen Städtchen nach der feierlichen Hochzeit, weil der Bräutigam "betrogen" wurde – noch heute ist eine solche "Betrügerin" vogelfrei bis zur Steinigung. Das Gesetz Moses' enthielt denselben "Paragraphen". Die Wertschätzung der Jungfernschaft hat also keine moralische, sondern eine patriarchalische Wurzel, stellt also einen Herrschaftsanspruch dar, ebenso wie die Beschneidung beider Geschlechter mit Hygiene nicht das geringste, sehr viel aber mit schmerzhaft blutiger Verankerung sexueller Prägung zu tun hat, sei es teilweiser Kastrierung, sei es Ausmerzung der gefürchteten weiblichen Sinnlichkeit, feindselige Unterdrückung eigenständiger weiblicher subjekthafter Liebe. An diesem Beispiel mag das ungeheure, bis jetzt fast unbeachtete Gewicht patriarchaler wie matriarchaler Fehldeutungen, mit leidvollen Folgen für die Entwicklung unserer nationalistischen Gesellschaften klar werden. Allerdings sind *keine* Ausrottungskriege, Massenvernichtungsmittel, auch keine Verbrennungen von Hunderttausenden von Männern durch Frauen analog den Hexenverbrennungen im Patriarchat in den blühenden Mütterreichen bekannt. Aber die Angst vor der verschlingenden großen Mutter – Frau, vor Periode, Blut und Geburt ist noch heute Motor der latenten Homosexualität, der Männerbünde, der Kameraderie schlechthin, wie der Flucht in manifeste Homosexualität – ja Rüstung aller Art – bis hin zu symbolträchtigen Kanonen und Atomraketen.

Der lange Weg von Matriarchat zu Patriarchat

Bettelheim* weist im Buch "Die symbolischen Wunden" überzeugend nach, daß es in diesen Kulturen einen Neid des Mannes auf die Macht und Stärke der Frauen, die menstruieren und gebären können gibt, und sich Männer deshalb Wunden zufügen, um nachzuweisen: seht – auch ich blute, *auch mein Körper hat sich geöffnet.*

In dem Buch "Weib und Macht"** wird in unzähligen Zeugnissen der menschlichen Frühgeschichte belegt, daß diese 5 bis 10 Millionen Jahre die *Frau* dominierte. Frauen waren das Zentrum der Sammler- und Jägergruppen, sie waren der unerschöpfliche Schoß, der Lebensquell. Die ältesten Frauen repräsentierten die Überlieferung der Gruppe. Sie hatten das "Sagen", ja aus der jahrelangen Kommunikation in Urlauten mit den Kindern ist nach neuesten wissenschaftlichen Theorien die Menschwerdung selbst gegeben, mehr als durch Waffe und aufrechten Gang. Diese Urlaute werden von R. Fester auf 6 Archetypen von Lauten zurückgeführt von denen 4 sichtlich *weiblichen* Themen zugeordnet sind wie Höhlungen, Öffnungen, wachsen, wohnen und nur zwei männlicher Thematik (aufrecht, spitzig, scharf). Diese Sprachgrundlagen übergreifen alle Rassen und Kontinente – ein verblüffender neuer Fund. Die Menschwerdung durch einen *weiblichen* schöpferischen Impuls?, nicht durch Waffe und Gebrauch des Feuers, sondern durch

---

* Siehe auch: Literaturverzeichnis
** R. Fester, M. König, Doris und David Jonas, *Fischer TB 3716.*

das kindische Geplapper der Mütter mit den Kindern? Keinen männlichen Gott, – sondern allenthalben Fruchtbarkeitgöttinnen fördern zahlreiche neue Ausgrabungen zutage. Die “Religion” dieser Millionen Jahre war sichtlich Fruchtbarkeitsgöttinnen zu geordnet. Religion, ebenfalls weibliche Schöpfung? Ebenso wie Wohnung, Höhle, Haus, Topf und Herd, Gesang und Tanz, flechten, nähen, Kleidung und Schmuck, sind typische weibliche Erfindungen. Erst sehr spät tritt in den Mythen der Mann als Bruder, Partner und – Gatte der Schwester (!) in Erscheinung. Wiederum über alle Kontinente verstreut stehen Geschwister – Ehepaare am Beginn der Geschichte. In ihrer *gleichgewichtigen* paradiesischen Verbundenheit mit Überlieferung von Familie, mütterlichem Klan als Ursprung beginnen gleichzeitig mit dem raketenhaft aufblühenden Wohlstand Siedlungen, Entfaltungen in Künsten und Erfindungen, Kultur, beginnt Geschichte. In “Weib und Macht” wird das jahrtausendelange Nebeneinander matriarchaler – und patriarchaler Kulturen nachgewiesen. Nach Jean Gebser ist diese mythologische Bewußtseinsstufe der Menschheit gekennzeichnet durch das *PAAR*, dem dann erst die Heroen entstammen, immer mehr die Heldenmänner die Macht übernehmen. Im klassischen Ödipusdrama wird der Übergang von weiblicher Sitte zum männlichen Gesetz deutlich, von nun an gilt Vatermord für schändlicher als die bis dahin größte denkbare Sünde Muttermord: Scharfe Abgrenzungen der Interessensphären (statt des weiblichen sowohl – als auch), fanatisches Stammesbewußtsein, Macht und Besitzhäufung mit planmäßigem Ackerbau und Viehzucht markieren die Machtübernahmen der Männer und vor allem die Institution der Ehe mit patriarchaler Erbfolge anstelle der bis dahin einzig und allein bekannten weiblichen Erbfolge (s.o.). Männliche Erfindungen und Handwerke, Schmieden und Gießen von Bronze, Waffen wie Speer und Pfeil, Wagen und Pflug bestimmen die weitere Geschichte. Wir dürfen wohl annehmen – auch wenn unsere Vorstellung versagt – daß all diesen Einseitigkeiten und Schwankungen (oder Stabilisierungen) der sozialen und kulturellen Beziehungen der Geschlechter auch sehr spezielle, einseitige Prägungen des sexuellen Empfindens entsprechen, Empfindungen der Geschlechter zueinander wie auch zum eigenen Geschlecht eingeschlossen. Bei *Bernd Nitzschke* u.a.* finden sich in Fülle Dokumente zur Bedeutung der latenten wie manifesten Homosexualität, das Gruppenbewußtsein der Männer

---

* Siehe auch: Literaturverzeichnis

entfaltete sich jetzt ebenso intensiv wie schon Jahrmillionen lang wohl das Identitätsbewußtsein der Frauen, bis zu späteren individuellen Beziehungen von Einzelindividuen, zuerst der Männer zueinander und erst viel später männlicher Individuen zu weiblichen. Welche Höhepunkte durch jahrhundertelange *männliche* "Zuchtwahl" repräsentiert z.B. das Phänomen Preußen – mit Offizierskorps, Junkertum, Tabakskollegium! Es bleibt unserer Phantasie überlassen die weiblichen Gegenbilder der Urgeschichte, die so viele Jahrtausende herrschten, zu rekonstruieren. Wie tief das Trauma bei den Männern gegangen sein muß, geht wohl durch das Umschlagen in den Gegenpol Patriarchat hervor, einschließlich Unterdrückung bis zur Sklaverei, Ausbeutung des weiblichen Geschlechts bis zur Kasernierung in Haus und Harem. Ausschluß aus der Öffentlichkeit, wie einst der Männer aus dem Kreis der Frauen, sind heute noch überdeutlich im Süden, im nahen Orient. Das Cafe, der Marktplatz ist männlicher Raum, noch heute ist Zwangsarbeit der Frau von 60 bis 70 Stunden in der Woche ohne Rücksicht auf Schwangerschaft und Geburt ein Kennzeichen der letzten Jahrtausende. In einem bis jetzt nirgend erwähnten Umfang ist die Basis unseres wirtschaftlichen und technischen Wachstums *unbezahlte Frauenarbeit. Marx unterschlägt die Ausbeutung der Frau total.**

Umgekehrt waren in Kreta die Männer – eine anonyme Zahl von "Königen" *der* Muttergöttin zugeordnet – austauschbar nach 7 Jahren – vielleicht sogar geopfert? In Männerängsten, Männerträumen herrscht dieses Kastrationsthema. Die dämonische Figur der Hexe in den Märchen ist wohl die patriarchale Verfremdung der Muttergöttin, der magisch begabten Fee und Zauberin. Die Göttin Athene begleitet wie ein Schutzengel ihren Odysseus. Es gibt keine gleichgewichtige männliche Gegenfigur im Unterbewußtsein als höchstens den bösen oder vielmehr dummen Teufel, den Schatten des guten Vatergottes.

---

* Auch in "Sozialistischen Staaten": Arbeitszeit für Frauen 12 - 16 Stunden und für Männer nur 8 Stunden.
Hervorragende Analyse im Heft: *Der Feminist 2/81* (Verlag: Christrosenweg 5, München) von Hannelore Mabry, *Die Familie und der "patriarchale Mehrwert"*.

Die wahre Sexualität der Frau

Aufgrund all dieser Forschungsergebnisse ist mit zwingender Notwendigkeit anzunehmen, daß das sexuelle Erleben im Matriarchat einen total anderen Akzent hatte.

Nicht das Durchdrungenwerden vom Mann, sondern das Gebären von Kindern war sein Höhepunkt!

In vielen Träumen meiner Patientinnen vertritt der Sohn die Sexualität der Mutter – seine Geburt ist *ihr* sexuelles Ergebnis, *ihr* Produkt. Der Psychoanalytiker Groddek* führte (verführte?) seine Patientinnen zum patriarchalisch verschütteten Wagnis das früher vielleicht die Norm war, die Geburt als maximalen Orgasmus zu erleben – völlig unvergleichbar mit der flüchtigen Begegnung mit dem Mann. Die programmierte Geburt mit Wehentropf und einem Arsenal von Geräten, macht freilich die Geburt von einem solchen *Höhepunkt* zur hoffnungslosen Kapitulation der Gebärenden unter patriarchale Zwänge, die natürlich vortrefflich wissenschaftlich begründet und zur Norm deklariert werden.

> Ich selbst habe noch einige hundert *glückliche* Hausgeburten in Kriegszeiten ohne all diese Geräte erlebt und miterlebt, ohne eine Frau zu verlieren und ohne höhere Kindersterblichkeit als bei der jetzigen Methode (etwa 15 Zangengeburten, 20 Wendungen, sowie Querlagen, Steißlagen, Nachgeburtslösungen). Dies alles auch bei primitivsten Verhältnissen, z.T. kriegsbedingt ohne Gummihandschuhe und trotzdem erfolgreich beendet. Ich, der junge Arzt fügte mich – erfahrenen alten, oft sehr alten Hebammen, soweit es mir mein Fachwissen erlaubte und verließ mich oft mit Erfolg ihrer Ahnung von Gefahr sowohl wie von "Glück" – und es waren oft glückliche sanfte Geburten. Höhepunkt war für mich immer der unbeschreibliche erste Blick der Mutter auf das Kind wenn wir ihr das Kind in die Arme legten. Ein sehr hoher Prozentsatz aller Geburten wäre auch heute so möglich, modernisiert durch kurzfristige Aufnahme als "Gast" in der Klinik mit allen Möglichkeiten, aber nur im Notfall, nicht als Routine. Die programmierte Geburt als *Routine* halte ich für die Ursache vieler vermeidbarer Operationen und daher für groben patriarchalen Unfug. Psychologisch halte ich den Schaden dieser Ge-

---

* Groddek, *Das Buch von ES*

burten für das Kind durch lebenslange negative, depressive Prägung (s.o.) für kaum abschätzbar und schwerwiegend. Hinzu kommt die routinemäßige Trennung von Müttern und Säuglingen, die wie Insektenlarven Boxe an Boxe deponiert ungetröstet, ungestillt auf Verlassenheit und Depression getrimmt werden. Kein "primitives" Weib würde dies ertragen. Kein Wunder, wenn der kümmerliche Versuch zu stillen, durch mangelnden dauernden Kontakt zwischen Mutter und Kind mißlingt. Millionen Babys sterben jetzt in der Dritten Welt, weil auch dort durch die Milch-Nährmittelindustrie in verbrecherischer Weise den Frauen das Stillen verekelt, ihre Brust verfremdet wird. Das herrlich verpackte Milchpulver wird Statussymbol – Stillen ein tierischer Akt! Die Brust als erogene Zone ist dem Mann bekannt – welch tiefe Gefühlsbeziehung durch monatelanges Stillen die Mütter erleben ist ihm verborgen – nur der Mediziner weiß von den (orgastischen?) Kontraktionen der Gebärmutter beim Stillen.

Des Sohnes Anblick und Gegenwart bleibt lebenslange wunderbare Bestätigung dieses absoluten Höhepunktes als dauernde Beglückung und Stolz der Mutter. In Träumen wird sein *Verlust*, seine Verlierbarkeit, angstvoll, leidvoll erlebt, oft vorhergenommen. In der schrecklichen Wirklichkeit des Todes dieses Sohnes erlebt die Mutter polare Schmerzen und Verdüsterungen, – bezogen auf den Höhepunkt der Geburt, – die dem Vater kaum einfühlbar sind, unendlich "flach" das männliche Gefühl, verglichen mit dem existentiellen Leid der Pietà mit dem geopferten Sohn in ihrem Schoß. Aus männlicher Sicht kaum auszuloten ist also die Tiefe der glückhaften wie leidvollen *weiblichen ganzheitlichen Sexualität – !* Wir kommen also zu der in dieser Eindeutigkeit doch vielleicht neuen Erkenntnis: durch die historischen, nicht vermeidbaren Entwicklungen der Gesellschaften kam es zu höchst einseitigen, schiefen sozialen Beziehungen von Mann und Frau mit Unterdrückung und Ausbeutung des jeweils benachteiligten Geschlechts. Dadurch wurden bei den Individuen äußerst langwirkende folgenschwere und leidvolle einseitige Einstellungen zur Sexualität unvermeidbar, der Verlust des Gleichgewichts der Geschlechter, diese sozusagen schiefhängende Waage veränderte aber wiederum von Grund auf diese Gesellschaften selbst – ein negativer Regelkreis! Es erscheint sehr wahrscheinlich daß durch diese Einseitigkeit bei den von uns überblickbaren patriarchalen Gesellschaften durch die Summe der Kastrationsängste der Männer eine Veränderung der ganzheitlichen

Pietà. Marmorgruppe von Michelangelo. Rom, St. Peter.

Gefühlsbeziehungen zur Frau die Folge war, daß diese unterdrückten, verdrängten Lust- und Liebesenergien, die wohl Freud mit Libido gemeint hat, verbogen und verändert wurden zu aggresiven Aktivitäten mit sportlicher Konkurrenz in Fähigkeiten aller Art: in Männerbünde, Geheimbünde, männliche Mythenbildung, intensive Kameradschaft, bis hin zu Zünften und Studentenverbindungen kann wohl ein *gemeinsamer Grund* vermutet werden. Auch die Schärfe und rücksichtslose Konkurrenz mit Männern gehört hierher, die sich unbeeinflußt von weiblich - mütterlich - gemüthaften Korrekturen immer einseitiger entfaltet. Nur anzudeuten ist hier die Degradierung der Frau zum reinen "Sexualobjekt" durch bezahlte und unbezahlte (eheliche!!) Prostitution.

Verheerende Folgen der Unterdrückung der Frau

Der "Rest" dieser primär namenlosen Energie, das weitere Thema dieser Arbeit, bildet die ebenso einseitig definierte männliche Sexualität, mit Recht von Freud "phallisch" genannt. Die Funktionen und Zustände dieses Vollzugsorgans identifiziert der "Mann" geradezu mit Sexualität überhaupt und erwartet genau das gleiche auch von der Frau. Ja, um jeglichen Zweifel über seine freie Verfügbarkeit über dieses Organ und sein weibliches Gegenstück zu beheben instituiert er die Prostitution mit völliger Ausklammerung gemüthafter und ganzheitlicher Liebe. Sogar die ganzheitliche, eheliche Beziehung (Kaufehe) bekommt häufig brutale, durch Besitzanspruch gekennzeichnete Bedeutung. Ehebruch des Mannes ist Kavaliersdelikt, der der Frau ein todeswürdiges Verbrechen – verstößt er doch gegen den männlichen Allmachtsanspruch. Die Herabwürdigung der Frau zum Gebär- und Arbeitstier mit Ausbeutung dieser beiden Funktionen bis zur totalen Erschöpfung ist über Jahrhunderte Kennzeichen aller patriarchalen Zivilisationen in Ost und West. Dies allein genügt zur radikalen Kritik des bisherigen Sozialismus und *Marxismus*. Er ist *patriarchal*, d.h. mit der Zukunft der Menschheit nicht vereinbar, von der Elite der Menschheit bereits überholt, antiquiert. Seine Zentralbegriffe (Kapital, Mehrwert, Sozialprodukt) ohne wertend-gemüthafte Komponente sind dualistisch, bruchstückhaft. Die schwersten Folgen dieser Entartung der männlichen Energien zeigt jedoch unübersehbar der jetzige Zustand der Welt mit unkontrollierter, wahnwitziger Rüstung, lediglich auf Grund beiderseitigen männlichen Verfolgungswahns, und die Zerstörung von Natur und Tierwelt durch die völlig unkontrollierte Technik, Wissenschaft und Wirtschaft mit reinem Profitdenken. Auf allen diesen Gebieten fehlt sichtlich die gemüthaft weiblich beschützende regulierende Kontrolle *mit gleichem*

Stimmrecht der Frau. Nur der Psychologe wird verstehen daß dieser Entwicklung insgeheim eine männlich-latente Homosexualität entspricht, die sich in Selbstquälerei (Masochismus) und Vernichtungstrieb gegen andere (Sadismus) transformiert hat. Nur ein winziges Stückchen davon wird in *realen* homosexuellen Beziehungen ausgelebt. Besonders deutlich ist die mörderische homosexuell getönte Haß-Liebe der Männer mit totaler Unterdrückung der Frau in den mohammedanischen Ländern, deren haßerfüllte, keifende Zerstrittenheit für den Psychologen einleuchtend latent (!) homosexuell "getönt", begründet ist. Freilich ist auch unübersehbar die ungeheuerliche Entwicklung auf technischen und wissenschaftlichen Gebieten, die *Beherrschung der Natur* (natura = die Gebärende), zu der die zielgerichtete explosive Entfaltung des männlichen Verstandes nötig war. Millionen von männlichen Denkakten und Erfindungen sind das Gegenstück zu den kulturellen Erfindungen der Mütter.

Ein (verdrängter!) Denkfehler – Fundament des Patriarchats

Dies ist also das kulturhistorische Trauma – eine ebenso falsche Begriffsbildung wie sie bei unseren Sechsjährigen den Kastrationskomplex auslöst, hat die Geschichte der Menschheit geprägt bis in unsere Tage!

Die Institution des Mannes als Zeuger, Erzeuger, Schöpfer bis hin zu dem Gott-Vater – die Absetzung der großen Muttergöttinnen (in deren Röcke der Priestermann schlüpfte und noch heute steckt – dies vielleicht tiefster Grund des Zölibats!) gehen zurück auf eine falsche Analogie Saat – Same, auf eine überaus folgenschwere falsche Begriffsbildung. Das Patriarchat – ein schreckliches Mißverständnis? Könnte eine *Kulturanalyse* denselben Erfolg haben wie eine Psychoanalyse bei Patientinnen? Sie erkannten oft mit einem Gemisch von Heiterkeit und Trauer (durch Träume und nachträglichen Bericht dokumentiert): "Wegen dieser Wahnidee aus meinem 6. Lebensjahr (= ich bin ein Mensch ohne Glied) sollte ich wirklich mir und meinem Partner Jahrzehnte meines Lebens das Leben zum Fegefeuer gemacht haben?" – Jetzt *nach* dieser tiefen Einsicht wurde ja sichtlich erst Partnerschaft beglückend und befriedigend. Kann in ähnlicher Weise die menschliche Gesellschaft zur Einsicht und Umkehr gebracht werden – es wäre eine Revolution und vielleicht Rückkehr, "Einstieg" in ein früh verlorenes Paradies!

Vorher freilich müßte Adam mit der Schlange der Selbsterkenntnis sprechen, das Patriarchat als neurotisch-infantilen, *ungerechten* Machtanspruch erkennen – und aufgeben, so bitter schwer es ihn ankommen mag.

Diese unsere Psycho-Analyse des Patriarchats müßte freilich mit dem gleichen heftigen Protest rechnen wie die Analyse des sexuellen Komplexes von Mann und Frau, – bedingt durch Scham! Männer verhüllt euer Antlitz – welch unausslöschliche Blamage!

Zusammenfassung der Vorgeschichte und Diagnose

Gestörtes Gleichgewicht der Geschlechter –
Sexualität das "Zünglein" an der Waage!

Bevor wir versuchen, aufbauend auf dieser bis jetzt noch kaum ins Auge gefaßten Kulturanalyse – analog der revolutionären Psychoanalyse – eine Therapie zu erstellen, fasse ich jetzt skizzenhaft, all diese Gedankengänge zusammen:

Wir erkennen im Matriarchat:

1. als Entsprechung zu dem Millionen Jahre lang* überwiegenden Matriarchat kam es zu einem ganz speziellen Erleben des Geschlechtlichen sowohl bei Frauen wie Männern:

a) Seitens der Frauen:

Als *das* ihr ganzes Erleben ausfüllendes SEIN, als Fruchtbare, Gebärende, Stillende, Ursprung des Lebens, Wiedergebärerin der Ahnen, Mutter aller Töchter und Söhne (Vater völlig unbekannt), im Alter Zentrum und verehrungswürdiger Ursprung aller aus ihrem Schoß stammender Glieder der Großfamilie, die ja alle ihre Blutsverwandten sind.

Das genitale Erlebnis der Paarung war jedoch sicher nur ein Randerlebnis.

Das weibliche Genitale jedoch wird religiös verehrt und darge-

---

* Siehe auch: "Weib und Macht", Untertitel: 5 Millionen Jahre Urgeschichte der Frau.

stellt, erst spät tauchen Darstellungen des Männlichen auf. Diese Männlichkeit wird von den Frauen als letzten Endes aus ihnen hervorgegangen, ihnen zugehörig wie ein Sohn mit Haut und Haar und – Glied erlebt. Alle imponierenden männlichen Eigenschaften, ja *die* Männlichkeit selbst, ein weibliches Anhängsel.

b) Seitens der Männer:

Wohl überwiegend als peinlicher Mangel leiblicher Produktivität, bei Faszination trotz Nicht-teilhabens an all diesen weiblichen körperlichen Funktionen, der Mann, bestimmt für die Frau und von der Frau, ihr zur Verfügung, ihr untertan. Das weibliche Genitale galt als dunkles Geheimnis, das trotzdem als Ort des eigenen Ursprungs sowohl wie der eigenen zukünftigen Wiedergeburt scheu zu verehren ratsam war. Die sichtliche Unterlegenheit unter die weiblichen Funktionen und die Scheu vor den so sehr überlegenen Frauen dürfte wohl der Motor der männlichen Emanzipation gewesen sein, in der dann auch männliche Symbole eine Rolle spielten, vor allem aber die Waffen – *das* Symbol der Männlichkeit schlechthin. Im Ganzen gesehen bestand mit Sicherheit ein männlicher, tiefgehender, sexueller Komplex, ein Minderwertigkeitskomplex, durch das sichtlich "Nicht-geöffnet-sein", daher zum Nicht-gebären-können verurteilt sein – die exakte Umkehr des modernen Kastrationskomplexes.

Spuren all dieser Einstellungsvarianten zum eigenen Geschlecht wie zum anderen findet der Psychologe überreich noch heute in Neurosen und Träumen von Männern und Frauen, d.h. das Matriarchat ist nicht tot! Ja, wir erleben es konkret im Mutterleib und in der frühen Kindheit.

Wir erkennen aber auch:

2. im Patriarchat als Entsprechung zu allen diesen sozialen und individuellen (Individuen in unserem Sinn gab es in diesen Gesellschaften nicht – bis in die historische Zeit) Gegebenheiten:

a) Folgen für den Mann:

Durch das Dominieren des Mannes entstand eine völlige "Revolution" der Gesellschaft so wie oben beschrieben, von uns bisher als die Norm verstanden: Die Frau wird nun ein Stück Natur, wird untertan, beherrscht wie ein Werkzeug des Mannes, dem Mann wird sein Genitale – faszinierender Gegenpol des Kopfes – zu einer vom Schicksal der Geburt verliehenen Auszeichnung, das bei der Eroberung des weiblichen Objekts (noch von Freud so empfunden) wie *ein* Siegesmal in weibliche Lager gepflanzt wird, die

Unterwerfung auf Lebenszeit, bzw. solange es ihm gefällt, besiegelnd. Die eine Hälfte der Menschheit ist im Besitz dieses Instruments – die andere nicht. Das ist *seine Sexualität* im scharfen Gegensatz zu dem universalen Naturerlebnis der Frau; darauf begründet er seinen Herrschaftsanspruch auf allen Lebensgebieten, den wir oben beschrieben haben. Ohne daß er es bemerkt, kommt es dabei zu einem immer deutlicheren Heraustreten, Herausfallen aus den natürlichen Bezügen, zu einer immer stärkeren Betonung des Verstandes, des Werkzeugs, der Organisation, dann zu Machtpositionen bis zu Vernichtungskriegen, ermöglicht durch Ausschluß aller regulierenden weiblichen Funktionen und weiblicher Partnerschaft überhaupt. Besonders auffallend ist die einseitige Entartung der Männergesellschaft, ihre Rivalität, Konkurrenz, die erschütternde Humorlosigkeit ihrer Parlamente, Gewerkschaften, ihre hochtrabenden und dogmatischen Erstarrungen, ihr *tierischer* Ernst. Die drohende Apokalypse ist Männerwerk!

b) Folgen für die Frau:

Völlig untertan, in Demut unterwirft sie sich dem weiblichen Schicksal von Ohnmacht, Geburt und männlich definierter Sexualität. Ihr Erleben dieser Sexualität, verlustig der weiblichen Allmacht und Fülle, ist in hohem Maße problematisch, Frigidität bei 30 % aller Frauen "normal" – das peinliche Gefühl, kein Mann zu sein, muß mit allen Mitteln verdrängt werden. Ihr Anspruch auf Söhne als indirekter Besitz von Männlichkeit ist die Folge – ohne Mann, ohne Sohn bin ich ein Nichts. Konkret erlebt dies die mohammedanische Witwe ohne Kinder. Das eigene Genitale wird erlebt wie ein weißer Fleck auf der Landkarte, bei auffallender Hochschätzung des oberen Pols, Gesicht, Frisur, Schmuck, Figur und Kleidung. Kleidung scheint zu dienen, um den eigenen Mangel zu verhüllen.

Die Summe des Leidens durch die einseitigen Bewertungen des eigenen wie des anderen Geschlechts bei Einzelindividuum wie Gesellschaft, die einseitige, ja Fehlentwicklung aller Lebensgebiete ist also ungeheuer. Tiefes strahlendes Glück über Jahrzehnte durch dauernde eheliche Verbundenheit erscheint ein seltener und kaum zu verwirklichender Idealzustand. Die Zugehörigkeit zu einem Geschlecht und die dadurch aufgezwungene Rolle wurde Schicksal der Menschen, Schicksal der Menschheit. Ungeheuer ist die Last der Schicksale, der Leidensdruck, ungezählt die Ausweichmanöver (nach Freud: Abwehrmechanismen), allem voran die Verdrängung (denn das Problem wird tabuiert), die Umkehrung ins Gegenteil (ich bin glücklich eine Frau zu sein), die Projektion (auf den anderen!), die Introjektion (das Leid der Sexualität ist selbstverständlich), das Ungeschehen-machen (es existiert kein Problem). Die (sexuelle) Sittengeschichte ist eine *Leidensgeschichte*. Der Vertreter der Kontaktpsychologie "Papa" Speer sagte bei einer Lindauer Psychotherapie-Tagung angesichts der lauschenden Neugier seiner Hörer über das Thema "Sexuelle Perversionen": "Es scheint Ihnen da manches so interessant, pikant oder dämonisch – wie anders würden Sie denken, wenn Sie wüßten, was diese von ihren Süchten und Fetischen beherrschten Menschen in Wirklichkeit für arme *Würstchen* sind". Sichtlich ausgeschlossen aus der Fülle des Lebens, eingeschlossen wie in *Satres* Spiel "Geschlossene Gesellschaft", auf ewig in ihren exklusiven Höllen.

Sexueller Dualismus

Meine lebenslange ärztliche Tätigkeit, besonders aber die Betreuung eines Müttergenesungsheims führte mich zur notwendigen Erkenntnis, daß die Krankheit, das Leiden meiner Patienten gleichzeitig ein Leiden der Gesellschaft ist, daß der Kern dieses Leidens eine Störung des *Gleichgewichts der Geschlechter* in ihrer Rolle als Mann und Frau überhaupt, in Sonderheit aber in ihrem sexuellen Kontakterleben darstellt. In einer lebenslangen Bemühung, die Ursache des Leidens zu erkenn, leuchtete mir allmählich ein, daß es also die Störung des Gleichgewichts von *Kräften* sei. Die Störung der subjektiv so verschieden empfundenen Geschlechtlichkeit, die Sexualität also erscheint als das entscheidende *Zünglein dieser Waage* – in unserer Zeit repräsentiert von dem genialen und unsere Kultur revolutionierenden Entdecker Freud, für die Frauen so anstößig als "Kastrationskomplex" bezeichnet. Diese Gleichgewichtsstörung haben wir nun zu ergänzen durch die Umkehrung des Komplexes der Männer im Matriarchat, wie hier geschehen. Die Ursache der sexuellen Verfremdung beider Geschlechter in beiden einseitigen "Herrschaften" ist also die außerordentliche Störbarkeit der Balance. Ist das Gleichgewicht von Mann und Frau gestört, so entsteht *Gegensatz* (= Dualismus). Gibt es nun – das ist unsere drängende Frage – eine grundsätzlich andere Sicht der ewigen Gegensätze, eine Vermählung auf Dauer, statt ewigen Kampfes der Geschlechter mit gelegentlichem Waffenstillstand?

"Entdeckung" der Polarität

Manchem männlichen Leser mag wohl unbehaglich zumute geworden sein in der Befürchtung, die Waage könnte nun zu ungunsten seines Geschlechts ausschlagen. Aber vielleicht kann nun eine männliche geistige Leistung angeführt werden, für beide Geschlechter so schöpferisch und erneuernd wie die gefühlhafte Religiosität der frühen Frauen, eine Errungenschaft und Entdeckung, die ein völlig neues Licht auf die leidvollen Gegensätze wirft, wie ein versöhnender Regen nach einem Gewitter die Natur verklärt. Dieses Licht wurde im Geist von *Philosophen* etwa um 600 v. Christi in Ost und West entzündet und in einem *Begriff* formuliert, der unendlich langsam und verzögert durch das Donnergrollen des abziehenden Gewitters einen sonnenhaften Sieg über die Erscheinungswelt darstellt – sei es auch noch so langsam, diesen Sieg zum Dauerzustand machen könnte. Dieser Begriff, der die Zertrennung heilt, die Gegensätze versöhnt, der aus dem *Diabolon* (= "teuflische" Trennung) Vermählung als *Symbol,* (Symbolon = Zusammenführung) bewirkt, heißt:

Polarität

Polarität ist das große Thema, das Panier der Vorhut der Menschheit seit der Jahrhundertwende. Diese Fahne verbindet unzählige junge Menschen, einer ihrer frühesten Träger war *Hermann Hesse* – dies erklärt seine immer noch anwachsende Wirkung auf die Jugend der Welt. Besonders aber hat mein Freund *Jean Gebser* in seinem Lebenswerk, vor allem in seinem unvergesslichen Vortrag vor der Humboldt-Gesellschaft "Dualismus und Polarität" wie ein großer Arzt die Diagnose ebenso wie die Therapie unserer Zeit gelehrt. Immer wieder werden nämlich diese Begriffe unklar gebraucht, ja verwechselt – diese Verwechslung spukt bis in Philosophien und Religionen! *Beide* meinen Gegensätze, die aber mit sehr verschiedenen Folgen bewertet werden, wenn man sie als feindlich, sich gegenseitig ausschließend versteht, d.h. *dualistisch – oder* polar als sich gegenseitig ergänzende, ja sich *bedingende* Partner. Himmel und Hölle – dies ist eine dualistische Lehre, sie stammt aus dem Manichäismus, einer Weltlehre vom unversöhnlichen Gegensatz von Licht und Finsternis, die tief in die christlichen Lehren eingedrungen ist – ewige Feindschaft der Gegensätze, die am

Weltende nochmals verewigt wird, wenn im Endsieg des Lichts die Mächte der Finsternis in einer Art strahlensicherem Atombunker deponiert werden, nach äonenlangem Kampf begraben, mit einem schweren Felsblock als Deckel . . .

Auch Gut und Böse, die sich ewig ausschließen, sind dualistisch erdachte Begriffe, die Geschichte machen, noch heute in der gegenseitigen Verteufelung der Großmächte regieren. Wer dem falschen *Dualismus* Gott –o– Teufel sich verschreibt, statt der *Polarität* Gott –o– Schöpfung, kann nur im "Gleichgewicht" des Schreckens denken, nur in der Ausmerzung des Gegners Sicherheit erwarten. Welch verheerende Folgen das dualistische Denken bis zum Gespenst eines weltvernichtenden Atomkrieges zur Folge hatte, wird langsam uns allen deutlich. Es ist also für uns alle dringend nötig, uns diesen Unterschied zwischen Dualismus und Polarität klar zu machen.

Männliche Zeugen der Polarität

Mag auch die rapide Entwicklung des einseitigen, systematischen, männlichen (nicht organisch weiblichen), logischen Denkens mit allen Auswüchsen eine patriarchale Erscheinung sein, so ist doch nicht zu übersehen, daß auch das bewußte Polaritätsdenken von Männern formuliert wurde, von historischen Persönlichkeiten, deren Werke uns wenigstens bruchstückhaft überliefert wurden: Heraklit im Westen war der "dunkle" Denker (den Sophisten freilich war er unverständlich!), im Osten Laotse. Der *Taoismus* und das älteste Weisheitsbuch der Welt, das I-GING, prägten die chinesische Kultur bis in unsere Tage, noch bis in die komplementären Farben (orange – hellgrün) der maoistischen Plakate, also viel entscheidender als im Westen die großen Vertreter des polaren Denkens wie Meister Eckehart, Nikolaus von Cues, Paracelsus, und ein in Leben und Werk vollendeter Polarist: J. Wolfgang von Goethe. Ihm war "Polarität und Steigerung" (d.h. mutige, zuchtvolle Steigerung beider jeweiliger Pole!) *das* Weltprinzip schlechthin. Niemals aber bis jetzt war dieses Weltprinzip im Westen als *verbindlich* für *alle* Wissenschaften, Regierungen, Kirchen verkündet – vielmehr herrscht hier (bis jetzt!) der einseitigste, spaltende, alle natürlichen humanen Verbindungen zerstörende Dualismus mit fast völligem Ausschluß des gemüthaften, liebevollen, weiblichen Poles. Keinem Chemiker oder Biologen erscheint z. B. Ethik als absolut verbindliche Richtschnur, keinem Industrie- oder Wirtschaftsmagnaten, obwohl Kant dieses (polar!), die Interessen beider Partner exakt und optimal für das Interesse beider regulierende Verhalten wissenschaftlich so präzis wie Lehrsätze der Mathematik, also als gesetzlich verbindlich, nachgewiesen hat in seinem kategorischen (von niemand so verstandenen) Imperativ. Genau wie die Erkenntnis der Naturgesetze die Beherrschung der Natur ermöglicht, würde die Erkenntnis und Anerkennung der exakten moralischen Gesetze (was du nicht willst, das man dir tu . . .) unsere ganze Kultur und Politik polarisieren, d.h. befrieden.

Sicher vergingen Hunderttausende von Jahren, bis der Frühmensch das *Feuer*, vom Himmel geschenkt, gebrauchen und bewahren lernte. Weitere lange Zeiten, bis er es selbst durch Funkenschlag und Reibung erzeugte.

Tausend Jahre benutzten die Chinesen das *Schießpulver* nur als Feuerwerk – bis das Abendland seinen "praktischen" Gebrauch als Waffe entdeckte.

Ein Jahrhundert war *Elektrizität* ein Spiel, um Froschschenkel zum Zucken zu bringen, um einige interessante Funken zu erzeugen – im nächsten explodierte der Gebrauch der Elektrizität zur Großraumversorgung mit Energie, zur Revolution der Computer. Ihre Pole des Magnetismus, ihr Plus ind Minus entspricht aber nur einem *speziellen* Gebiet der *allgemeinen* physikalischen, chemischen, sozialen, politischen, psychologischen, ethischen, ästhetischen, logischen und – sexuellen POLARITÄT: Folgt der langen Geschichte der *Entdeckung* durch Laotse, Heraklit, Sokrates, Goethe, Friedlaender nun das Zeitalter der universellen segensreichen *Anwendung* mit polarem Gleichgewicht von Mann und Frau, von Ost- und Westblöcken, von Nord und Süd der Menschheit ?

II. POLARITÄT

POLARITÄT – das neue Bewußtsein der Menschheit!

Jean Gebsers Klarstellung von "Dualismus und Polarität" blieb nicht ohne Schüler und Nachfolger, die in einem Sammelband* in hervorragenden Beiträgen das Thema "Polarität als Weltgesetz und Lebensprinzip" behandeln, in den verschiedensten Aspekten. Höchstes Verdienst haben diese Autoren; Weinhandl, Burdenski, Cysarz, Kesser, Ribi, Göppner, Jores, Domandl, Thoms, Schneider. In Walter Blochs "Polarität"** liegt eine umfassende, systematische Polaritätslehre vor, ebenso in philosophischer Sicht S. Friedlaenders "Schöpferische Indifferenz", wo in einer geradezu glühenden, an Nietzsche geschulten Prosa, tausendfach das Tema, das so schwer in Worte zu fassen ist, umkreist wird.

Wenn es nun aber sichtlich im Westen *keine* solche verbindliche Polaritätslehre gab außer diesen sozusagen erratischen Blöcken inmitten einer weit und breit dualistischen Wüste allgemeiner Blindheit und Schwachsinns statt polarer Sicht, auch bei unseren Gelehrten, den geistlichen und weltlichen Führern (einem Polaristen wie Meister Eckehart wurde der Prozeß gemacht), darf an dieser Stelle wohl ein kleiner Katechismus der Polarität am Platze sein.

Was ist Polarität?

ALLES, was existiert in der sichtbaren und unsichtbaren Welt ist paarig – sogar dieser Satz enthält sichtbar –o– unsichtbar. So auch z.B. außen –o– innen.

Die Innenwelt unsichtbar –o– die Außenwelt sichtbar. Alle Körper sind polar gebaut: Ein Würfel weist die polaren Paare einer

vorderen –o– hinteren
oberen –o– unteren
linken –o– rechten

Fläche auf.

Nicht einmal in der Vorstellung können wir diese Paare trennen, es gibt kein links ohne rechts, kein oben ohne unten, kein vorne

---

* Erschienen im Verlag Humboldt-Gesellschaft, München
** Verlag Drucker und Humboldt, Berlin

ohne hinten. Kant bewies, daß sogar erst durch diese *Kategorien*, bewiesen durch das Denkexperiment, daß es also unmöglich ist, sie weg-zudenken, d.h. also *nicht* in den Dingen (an sich) gegebenen Vorstellungen, Körper in ihrer räumlichen und zeitlichen Gegebenheit wahrgenommen werden. Nach Kant fallen diese Gegebenheiten der Natur in dieses Netz der Raum-Zeit-Kategorien hinein und sind nun erst Körper. Wiederum ist sowohl der äußere Horizont (der Dinge) wie der innere (der Kategorien, der Begriffe) polar, auch wenn Kant nicht direkt darauf hinweist.

Jedoch wird gerade durch seine kopernikanische Revolution die Polarität außen —o— innen völlig klar herausgeschält – eine Revolution, deren ungeheuere Bedeutung fast unseren sämtlichen Wissenschaftlern unbekannt ist, weil Philosophie kein Pflichtfach ihrer Ausbildung darstellt, ein kaum faßbarer, beschämender Zustand, Ursache des Materialismus und Empirismus.

Wie entsteht Polarität?

Angenommen, es gibt ein *NICHTS* –, über das keine Aussage gemacht werden kann ("die Fülle des Nichts"): jede winzigste Erscheinung, Modifikation, Veränderung hat automatisch eine paarige, gegenpolige Erscheinung, Veränderung, Eigenschaft zur Folge, auch wenn wir auf Grund unserer Idiotie in puncto Polarität nicht gewohnt sind, sie zu sehen, zu erkennen.
Licht —o— Schatten, Einheit —o— Vielheit, lustig —o— traurig, stumpf —o— spitz, Kuppel —o— Höhle, trocken —o— feucht, Berg —o— Tal.

Warum ist das schwer zu erkennen?

Sokrates bewies in seinen Frage- und Antwortgesprächen, daß bei allen *Kernfragen*, die wir stellen können, der Weg in der Frage schon endet, die berühmte Aporie, so wie Buddha "donnernd" schwieg auf alle metaphysischen Kernfragen. Alle Aussagen zu diesen Kernfragen sind also nur wie ein Finger, der auf den Mond zeigt, aber nicht der Mond selbst. Alle weiteren Antworten sind also als ein solcher Fingerzeig zu verstehen, hier auf den Ursprung aus dem "Nichts". Das was vor dem Ursprung und im Ursprung geschieht, ist unvorstellbar, und doch muß dieses ···· o ···· sowohl den Ursprung wie die Pole, wie auch die Verbindung der Pole darstellen.

Erleuchtung

Wer Erleuchtung besitzt
ist ein Weiser.

Wie kämpfende Hähne
stehen sich die Dinge gegenüber.
Der Weise stört diesen Vorgang nicht.
er hält ihn im Gleichgewicht,
er verhindert Einseitigkeit.
Im Gleichgewicht lebt Stimmigkeit,
in Stimmigkeiten wiegt sich Leben.

Erleuchtung
ist die übergeordnete Stufe,
von der aus Stimmigkeit gesehen,
erlebt, verdankt und genossen wird.

Stimmigkeit entdeckt nur,
wer sie nicht in bestimmten Gesetzen,
in bestimmten Ordnungen sucht.
Sie scheint aus allem auf,
aber nur für den,
der sie
aus dem Nichts des Dazwischen
blitzartig zu erfassen weiß.

Erleuchtung unverhofft.

*Der Mönch Ho-Tai**

Was hat das zur Folge?

Durch diese Unkenntnis irren die zueinander gehörigen, einander bedingenden Teile sozusagen inkognito umher, anscheinend besteht totales Chaos – der *Zuschauer* ist verwirrt. Dadurch entsteht Verwirrung des Geistes, der Gefühle, der Handlungen und Leiden aller Art.

Wer ist der Zuschauer?

Alle Menschen, die mit menschlichem Bewußtsein begabt sind, haben Teil am von Kant endeckten Vernunftwesen (Noumenon) mit seinem von Kant exakt nachgewiesenen "Kategorienapparat". Buddha beschreibt in den fünf Skandhas, einer totalen Psychoanalyse, (Fortsetzung Freuds vor 2500 Jahren ––) genau das gleiche.

Warum ist die Polarität aller äußeren Dinge, aller inneren Begriffe, so schwer zu sehen?

Weil zunächst nur diese in links –o– rechts, hier –o– dort getrennten Gegensätze, die *nichts* miteinander zu tun haben, deutlich gesehen werden. Sie entwickeln sich in Richtung auf immer stärkere charakteristischere Prägung wie z.B. deutlich bei Waffen, Geräten, die Technik überstürzt sich in ihren Fortentwicklungen, z.B. die Elektronik, das Flugzeug, aber auch höchst einseitige soziale Prägungen wie Kapitalismus und Marxismus oder – Matriarchat –o– Patriarchat.

Gibt es nur diese Entwicklung zu einem einseitigen Zustand oder auch einen Weg zurück, zur Einheit?

Gerade dies ist das (polare!) Gegenstück zum polaren Ursprung. Es ist aber gerade *kein* "Zurück", sondern durch die Existenz zweier scheinbar unversöhnlicher Gegensätze der Trennung entsteht auch (polar) die Möglichkeit der Vereinigung. Nordpol und Südpol streben zwar auseinander, wenn sich aber *zwei* Magneten mit entgegengesetzten Polen berühren, entsteht – für ein Kind wie reiner Zauber wirkend – überraschend und unsichtbar Anziehung. Polarität heißt also Abstoßung der Pole, Abstammung aus einem Zentrum, über das wir nichts wissen, auseinanderstrebende Entwicklung bis zur völligen einseitigen Ausprägung, und dann wie ein Wunder die Vereinigung durch Anziehung bis zum intensiven *Kontakt*, der nur unter Kraftaufwand wieder getrennt werden kann.

---

* Der Mönch Ho-Tai und die Kämpfenden Hähne, von Niyomoto Mosashi

"Polaritätsbindung und Polaritätstrennung bilden selbst wieder eine Polarität in jeder Polarität" (Walter Bloch)

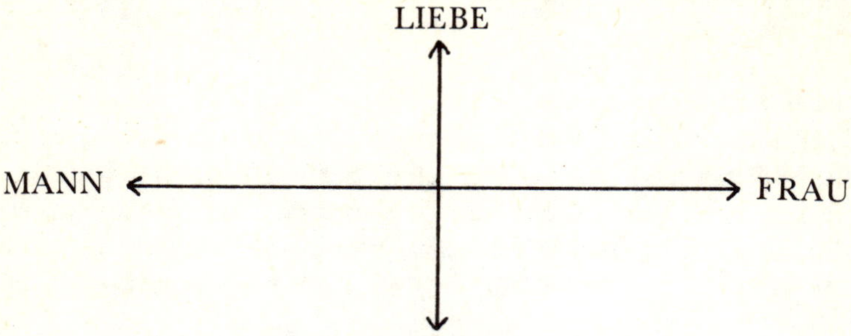

zwei-geschlechtliche Pole
"SEXUALITÄT"

Wie kann Polarität, wie kann das Paradies verlorengehen?

Die Bibel spricht es deutlich aus: durch das Essen vom Baum der Erkenntnis. Genau im Sinne unserer Analyse war es also die Entwicklung des Verstandes mit der Möglichkeit von Miß-Verständnis des "Betrachters des Schauspiels", denn nie zwar kann die polare Ordnung der Natur verschwinden – wohl aber konnte der erwachende menschliche Verstand fehlen, wie z.B. alle dogmatischen Lehren von vier Elementen verfrühte Erstarrungen, dualistische Verfremdungen sind.

Sind nicht auch in der Natur gewaltige Schwankungen und Einseitigkeit?

Sehr wohl, sie gleichen sich aber wieder aus, pendeln sich wieder ein. Nur der Vernunft- und Bewußtseinsträger Mensch kann seine Irrtümer, dualistische Mißverständnisse verewigen.

Dann wäre es also möglich, die Waagschalen wieder gleichgewichtig zu machen?

Auch diese Möglichkeit, die kein Naturwesen kennt, eröffnet die reife polare Vernunft. Durch *volle,* nicht teilweise Erkenntnis der Lage ("Diagnose"), der "rechten Mittel" im Sinne Buddhas als Heilmittel, durch "rechte Anstrengung", kann es durchaus gelingen, das Gleichgewicht wieder herzustellen. Jedes Atom ist trotz

Plus-Potential des Kerns —o— Minus-Potential der Schale dauerhaft bis zu Reaktion oder Zerfall zu anderen Atomen, durch äußere Einwirkungen also.* In Platos Mythos vom Urmenschen sind männlich und weiblich voneinander abgewendet, am Rücken vereint. Sie wurden vom Gott getrennt. Sich ewig suchend finden sie bei der Paarung – nun nicht mehr voneinander abgewendet, sondern von ihren genau entsprechenden Hälften magnetisch angezogen, zueinander gewendet, ineinander versunken (eindringen —o— aufnehmen) höchste Lust und Bestätigung findend(verlorene —o— wiedergefundene Partner). Hier finden wir das Urbild der Polarität, das PAAR.

Was ist der Unterschied zwischen Sexualität bei Tieren und Menschen?

Sexualität ist im ganzen Tierreich, ja wie wir noch genauer nachweisen werden, auch im Pflanzenreich vorhanden, in einer Fülle von Details von Joachim Illies beschrieben.** Im 18.Hahrhundert war die Entdeckung der Blüten als Sexualorgane geradezu ein Skandal. Aber erst durch das menschliche Bewußtsein, durch die Fähigkeit der Sprache zum Begriff wird diese Sexualität erkannt. In der Bibel wird 'erkennen' und 'geschlechtlich verkehren' durch das gleiche hebräische Wort bezeichnet. Wir wittern hier, wo es immer nur heißt 'er erkannte sie', eine patriarchale Verfremdung. Natürlich erkannte auch sie ihn! Wir wiesen nach, daß dieses Erkennen, wenn es nicht strikt polar ausgeübt wird, durch viele Fallgruben und Denkfehler mit schwerwiegenden Folgen gefährdet ist. Wird nun aber durch exakte Polarisierung der Begriffe die universelle Polarität mit der "Fülle des Nichts" als Ursprung deutlich erkannt, dann wird der vernunftbegabte Mensch Vollender der Schöpfung, deren Pole in der Vermählung ihren gemeinsamen Ursprung erkennen. Das PAAR wird wie im tantrischen Buddhismus und Hinduismus so bezeichnet, "Zuschauer des Schauspiels".

---

* Die Elektronen umkreisen diesen Kern, statt mit ihm zu Null-Potential zu verschmelzen.

** Joachim Illies, "Theologie der Sexualität".

Pharaonenpaar

Das PAAR – Verwirklichung der Polarität

Sollte die Vermählung des irdischen und himmlischen Pols eine solche Rarität sein, daß der Katalog der Heerscharen der Heiligen kaum ein heiliges PAAR nennt?

Ist dem Patriarchalen Anspruch schon das hohe Glück des Paares verdächtig, die Ehe mehr notwendige Fessel als Norm? Dieser beklagenswerte Zustand ist doch wohl bewirkt *durch* das *Patriarchat,* das jede Frau ausdrücklich dem Manne untertan machte. Schon dadurch wurden, wie anfangs erwähnt, alle Liebes- und Geschlechtsbeziehungen im problematischen, d.h. unharmonisch-leidvollen Sinn verfremdet. Auch wenn ganz im Stillen viele Paare trotz Patriarchat, trotz Matriarchat weit und breit ganz einfach glücklich waren, treu verbunden im Geiste wie im Fleische. Diesen Zustand als realisierbare *Norm* zu ermöglichen ist das hohe Ziel aller Polaritätslehren, so auch in Joachim Illies christlich verstandener Theologisierung der Sexualität. Es ist jedoch anzuerkennen, daß das letzte Vatikanische Konzil erstmalig versucht hat, die entwürdigende Abwertung des ehelichen Verkehrs nur zum Zwecke der Zeugung aufzuwerten zu einer Würdigung der sexuellen Partnerschaft an sich. Sexualität ohne Zeugungszweck zu würdigen, ist sehr späte Umkehr, nachdem jahrhundertelang unendliches Leid über unzählige Paare durch die unchristliche Sexualmoral gebracht worden ist. In einem wesentlichen Punkt darf ich jedoch Illies widersprechen: Ich zitiere die Stelle (S. 44), die dieses Problem ausspricht: Fortpflanzung gebe es bei den niedersten Tieren ohne Sexualität, andererseits überall im Tierreich Sexualität ohne personale Liebe.

"Allmählich verliert sich also die Sexualität im theologischen Abstieg aus dem Blick, während sie im Aufstieg (im biologischen Blick von unten) allmählich aufzutreten schien. Und während für die Biologie der Sexualität das eigentliche Rätsel im Auftreten der Liebe liegt, (die unerklärlich, ja ein ärgerliches Skandalon der Naturwissenschaft ist) liegt für die Theologie der Sexualität umgekehrt das Rätsel gerade in ihrem Nachlassen an der Basis des Lebendigen. Warum gibt es so wenig oder gar keine personale Liebe unter den Tieren, warum so wenig oder gar keine Sexualität unter den niedrigsten Lebensformen? Dies ist die eigentliche Frage, die sich dem Betrachter von oben aufdrängt."

Polarität vor Sexualität!

Dazu wäre zu sagen:

1. Natürlich gibt es keine personale Liebe bei Nicht-Personen, es wäre ein logischer Widerspruch.
2. Auch bei scheinbarer Fortpflanzung ohne Sexualität wird Vererbung nur durch die Polarität der DNS-Doppel-Wendel ermöglicht. *Zwei* symmetrische Spiralen sind hier verdrillt, Positiv- und Negativspirale wie Positiv und Negativ eines Polaroidfilms zusammengeklebt. Diese ermöglichen, getrennt bei der Vermehrung, reißverschlußartig aufgetrennt, daß sich jeweils eine Negativ- bzw. Positivkopie anlagert, d.h. wiederum zwei Doppelstränge entstehen. Sowohl Vermehrung wie Bewahrung des Erbes wird in diesem System gewährleistet. Wenn nun bei höheren Organismen die halbe väterliche und die halbe mütterliche Erbmasse in einer ganz ebensolchen DNS-Doppel-Spirale dauernd vereinigt sind, so ist das freilich eine molekulare Entsprechung zur sexuellen Vereinigung. Glutine amoris "Leim der Liebe" schreibt Augustinus – die Verbindung männlicher und weiblicher Pole somit das Ergebnis der sexuellen Ver-

einigung. Dies zeigt, daß Polarität schon vor der Sexualität vorhanden war. Waren die Urmeere vorher eine Suppe von allen möglichen, aber noch nicht paarigen Molekülen, so entstanden aus dem NICHTS die ersten Vorstufen der DNA (wahrscheinlich als RNA). Das hat sicherlich so wenig oder soviel mit Liebe zu tun, wie die Vereinigung der Tiere. Ich sehe hier nur eine Modifikation derselben Sache mit neuen Mitteln: der Sexualität. Vieles spricht dafür, das dieses eine Ur-Paar-Molekül den Ursprung d.h. Vater-Mutter allen pflanzlichen, tierischen, menschlichen Lebens zu bedeuten scheint. Wie eine Lawine vermehrte es sich in allen Weltmeeren, verleibte sich geeignete Substanzen ein und formte sie um. Das Leben hatte begonnen.

Himmlische und irdische Liebe bei Swedenborg – ein christliches Modell

Meines Erachtens geht also Polarität bis in den Ursprung, mit größerer Differenzierung wird sie dann Sexualität. Damit ist die Frage Illies' als unnötig erledigt – ein kleines Gedankenhindernis beseitigt. Im Übrigen wird seine tiefe und hohe, Sexualität –o– und Liebe in Eins bringende Lehre bestätigt, die das ganze Buch durchdringt. Ich darf ihn noch mit einem anderen Hinweis auf einen Mystiker und Visionär ergänzen, den er nur kurz erwähnt, aber in Wirklichkeit ein Kronzeuge seiner Erkenntnisse ist.

Emanuel Swedenborg hat in einem Buch mit dem Titel:

"Die Wonnen der Weisheit – Über die eheliche Liebe" und
"Die Wohllüste der Torheit – Über die buhlerische Liebe" (d.h. Sexualität an sich)

einen christlichen Entwurf über Liebe und Sexualität hinterlassen, der bis jetzt wohl wegen seiner Betonung der Polarität, des Gleichgewichts der Geschlechter, keine kirchlichen, theologischen Liebhaber gefunden hat. Gott selbst, der männlich –o– weibliche, spalte sich bei der Erschaffung des Menschen in Mann und Frau, deren Vereinigung also nichts weniger als die Wiederherstellung Gottes in göttlichen Paaren bedeute, die in alle Ewigkeit in Wonne vereint seien – platonische Urmenschen als *Ziel!* Er legt besonderen Wert auf deren ewige, gleichzeitig geschlechtliche und liebevolle Vereinigung im Jenseits. In seinen, uns naiv-treuherzig anmutenden Visionen werden die Wonnen dieser ehelichen Paare rührend beschrieben, wenn z.B. ein Engel die Abgeschiedenen "aufklärt": Sie sollten sich ruhig überzeugen, daß *nichts* an ihrem verklärten Körper abhanden gekommen sei. –

Polar dazu scheut sich der Realist Swedenborg aber auch nicht, in unzähligen, wie in einem Handbuch der Ehepathologie, der Psychopathologie, geschilderten Stufen *abwärts* von diesem Eheideal sämtliche Möglichkeiten der Verhärtung, der Isolierung, der egoistisch-sadistischen Lustsuche, der finstersten Entfremdung und gegenseitigen Zerstörung exakt zu beschreiben, am Schluß mündend in ewig sich wiederholende, negative "Partnerschaft" in Privathöllen, genau wie in Sartres Spiel "Geschlossene Gesellschaft" beschrieben. Im ganzen christlichen Kulturkreis hat niemand so konkret die himmlischen, irdischen und höllischen Existenzmöglichkeiten beschrieben, vor allem, daß sie durch *Wahl* entstehen. Daß der junge Mensch sinnliche Liebe probiere, bei Mißerfolg und Entfremdung den Partner wechsle, erscheint ihm so natürlich wie meinen jungen Zeitgenossen. Wenn aber die Fügung ihm (s.o.) den genau entsprechenden Partner unversehens zugeselle, verwandle sich die natürliche Liebe durch die Verbindung mit der himmlischen Liebe. Das Paar empfindet sich als eigens zum Zwecke ihrer Verbindung füreinander geschaffen.

Nun erst gibt es Wahl des einen oder anderen Wegs, d.h. personal-menschliches Teilhaben und Verwirklichen, den Weg zu paradiesischen, himmlischen Wonnen oder selbstgewählten, immer tieferen Bahnungen von Leiden und Leidenschaft durch alle denkbaren polar gegensätzlichen Zustände – seine Visionen erinnern hier an Dantes Darstellungen von Himmel und Hölle.

Der Leser mag andere PAARE aus anderen Kulturen erinnern: Die herrlichen Pharaonenpaare auf ihren Thronsesseln in angedeuteter Umarmung, die Paare auf etruskischen Sarkophagen, Behagen und persönliche Prägung noch im Tode ausstrahlend. In der esoterischen Alchimie (C.G. Jung, Mysterium Conjunctionis) sind Sonne und Mond als PAAR die Führer des Adepten.

Der Drache stirbt nicht, bevor er nicht von seinem Bruder und seiner Schwester, Sonne und Mond, getötet wird.

Die (der) Sonne braucht den (die) Mond, wie der Hahn die Henne.

Der heilige Geist, dargestellt als Frau. Bild aus dem 7. - 8. Jahrhundert, älteste Kiche Deutschlands in Urschalling.

Polare christliche Theologie?

Ich brachte einen sehr modernen katholischen Geistlichen mit der Frage in Verlegenheit, wo man je im kirchlichen Rahmen "heilige" vereinte PAARE – sei es auch nur Hände-haltend, geschweige denn "vereint" – bewundern könne, bis er lachend sagte: Wohl erst nach Aufhebung des Zölibats. Doch bekannte auch er sich für die Ehe als das eigentliche christliche Geheimnis. Übrigens waren auch 90 % einer großen Gruppe befragter junger Katholiken für dauerhafte eheliche Bindung, vorausgesetzt, daß ES stimmt; aber nur 5 % hielt die kirchliche Sexualethik für verbindlich, die freilich nur von "alten Junggesellen bestimmt wird" (Pressestimme zur Bischofssynode zu diesem Thema). Daß hier nicht alle Wege verbaut sind, zeigt eine frühgothische Darstellung der Heiligen Dreifaltigkeit in der Kirche in Urschalling (Chiemgau): Der Heilige Geist ist hier *Frau*, von Vater und Sohn liebevoll umarmt. Und das katholische Volk hat sich die tiefe Verehrung der (oft "schwarzen") Mutter (!)-Gottes sowenig nehmen lassen wie manche frühe Taoisten das dunkle Yin als *Schoß* des lichten Yang. Ein großes Papstwort (Johannes Paul I) ließ die ganze katholische Welt aufhorchen: "Wir müssen Gott in Zukunft nicht nur als Vater, nein – noch mehr als Mutter verehren". Hier wird – gottseidank – auch im christlichen Raum Polarität deutlich bis zum *neuen* alten Gebet: "Vater –o– Mutter im Himmel – geheiliget werde Dein Name. "Es begann mit der Inthronisation Mariä als "Mutter Gottes" durch das Konzil von Ephesus, der Stadt der großen Göttin Diana – einer schwarzen Erd-Muttergöttin mit Sternbildern als Haargeschmeide. Nähert sich die Theologie einer polaren Gotteslehre?
Z.B.: Im Himmel Gott-Vater –o– Mutter-Gottes auf Erden. Eine elementare Welle von Marien-Verehrung in Rußland berichtet die Feministische Zeitschrift "Marija": "Die Mutter Gottes, das ist die Weiblichkeit *selbst. Sie* nimmt die ganze Verdammnis hinweg, die auf allem 'Weiblichen' in früheren Religionen lag. *Sie* hört jeden Seufzer in unserem Land. *Sie* steigt in die Hölle der weiblichen Existenz hinab und errettet aus ihr Seelen, die schon ohne Hoffnung sind."*

---

* Siehe auch: "Die Frau in Rußland", Verlag Frauenoffensive München, und " Die UdSSR, eine riesige Küche", SZ, Nr. 182/81.

Im Osten: Polare Weltlehren

Im *Taoismus* liegt eine vollständige, universalistische Lehre der Polarität vor. Nach der Legende übergab LAO-TSE sein Büchlein vom TAO, das TAO-TE-KING, dem Grenzposten des Reiches vor seinem Weg ins Weglose.

Die Lehre: Aus dem un-nennbaren Urgrund TAO ("was man benennen kann, ist nicht das TAO") entspringen die Weltpole Yang (=männlich, hell, trocken, Tag) und Yin (=weiblich, dunkel, feucht, Nacht). Diese Pole erweisen sich als nicht-dualistisch, denn in jedem ist keimhaft der Gegenpol enthalten. Symbol dafür ist "das große Zeichen" mit den gleichgewichtigen Hälften Yang und Yin. Es wurde immer schon als Symbol der Vermählung, des Paares verstanden.

TAI - KI

DAS GROSSE ZEICHEN

Marcel Granet ("Das chinesische Denken") berichtet diesen universalistischen Weltentwurf bis in alle kulturellen, sozialen, ästhetischen, wissenschaftlichen Bereiche.

Die taoistische Lehre prägte die chinesische Kultur trotz aller verheerenden Stürme der Jahrhunderte. Noch maoistische Plakate zeigen die exakt polaren Farben rot - grün. – Sie ist aber vor allem der Kern des erstaunlichsten und ältesten Buches der Welt, des I-GING.

Das I-GING

Die gesamte Erscheinungswelt wurde auf Grund einfachster Naturbeobachtungen: Tag —o— Nacht, Vollmond —o— Neumond u.a. Yang und Yin zugeordnet, oder Mischungen dieser Pole. Bei acht gegebenen Urkräften des Urkaisers FU-HI sind – verdoppelt – 8 x 8 = 64 Codebegriffe gegeben, durch die alle Naturerscheinungen und Abläufe beschrieben werden können, so wie in den 24 Buchstaben des Alphabets sämtliche Bibliotheken der Welt geschrieben werden können. Alle Farben, alle Töne sind polar. Während im Westen falsche, dualistische, sophistische Logik (noch bis in den Marxismus fortwirkend), und Patriarchat das Aufleuchten des Verstandes in jahrhundertelangen Dogmatisierungen verfälschte, verfiel im Osten, in China, die hohe Lehre des TAO ebenfalls der lehrhaften Erstarrung, auch hier verhinderte allzu früh einsetzende Dogmatik und Patriarchat eine Weiterentwicklung. Das I-GING überlebte und ist vielleicht ein Buch der Zukunft! *Vor* dem Anfang der chinesischen Geschichte stand sicher eine mutterrechtliche Ordnung, der Urkaiser FU-HI mit seiner Schwester und Frau NÜ-KUA* stellen sichtlich die Verkörperung von Yang und Yin dar, die Ehe erscheint also als Entsprechung des TAI-KI, des TAO und seiner Pole Yang und Yin. Ähnliche Paare fanden wir beim Übergang vom geschichtslosen Matriarchat zur Geschichte in Ägypten, bei den Inkas, etc. Diese Paare gelten jeweils als Erfinder der Ehe sowohl wie der Kultur, FU-HI beschrieb die acht Urkräfte als gleichgewichtige Paare und Abbild der Naturordnung. Diese Paare repräsentieren in vielen Mythen einen Zustand von stabilem, hohem Glück und kraftvoller Kulturentfaltung – ein Paradies wird uns hier überliefert, überall aber auch dessen Verlust. Das Paar der Bibel heißt Adam und Eva. Am Anfang des Textes heißt es sehr deutlich: “Mann und Weib schuf er sie, ein Bild, das UNS gleich sei” (nach Luther). Gegen Sexualität als Bild und Gleichnis Gottes hat sich die klassische Theologie immer schon gewehrt, und schon wenig später im Text taucht ja die unseres Erachtens patriarchale Verfremdung auf mit Evas Erschaffung aus der Rippe Adams – analog der “Geburt” der Athene aus dem Kopf, des Dionysos aus dem Oberschenkel des Göttervaters Zeus!

---

* Siehe auch : Abbildung auf Seite 56.

Fu-Hi und Nü-Kua – das älteste Paar der chinesischen Geschichte.

Kommentar

Dieses Bild zeigt das älteste Ehepaar der chinesischen Geschichte, den Urkaiser Fu-Hi und seine Frau Nü-Kua als Symbol einer gleichgewichtigen Ehe. Er (rechts) hält in den Händen das Winkelmaß, das Symbol der Erde, aber auch der Frau, sie (links) den Zirkel, das Symbol des Himmels, aber auch des Mannes – er hat Macht über die Frau, sie hat Macht über den Mann. Die unteren Körperhälften sind Drachenschwänze, Symbol der polaren, kosmischen (sexuellen) Energie.

Interessanterweise ist in jedem Zellkern *spiralig* die (halbe) väterliche Erbmasse mit der (halben) mütterlichen Erbmasse als Doppelspirale verdrillt – wie die unteren Hälften dieses chinesischen Paares – in ca. 4 Milliarden Windungen. Eine sehr merkwürdige Analogie zur DNS, ein Modell der Polarität schlechthin! Dabei ist in jeder Spiralhälfte der *ganze* Text, wie Positiv und Negativ eines Polaroidfilms, gegeben.

Das kosmische PAAR im I-GING

Nach der Laudatio westlicher Polaritätslehren von Schöpfung, Entzweiung und Wiedervereinigung von Kräften durch Teilhabe von Personen, von Menschen als Entsprechung dieser göttlichen Kräfte, ist es diese östliche Lehre, die der westlichen ebenbürtig ist: Die Ehelehre des I-GING, entkleidet man sie des konfuzianischen Kommentars (er ist bereits überwiegend patriarchalisch), entwirft das PAAR als Grundfigur, die sich in ALLEM wiederholt und ausdrückt. Das All als Gleichnis des Paares – so wie in der Bibel umgekehrt das PAAR als Gleichnis Gottes. Der Sinologe Frank *Fiedeler* befreit in seinem äußerst komprimiert geschriebenen Buch "Die Wende" das I-GING, das klassische "Buch vom Einfachsten" von seiner Patina. Das I-GING zeichnet ein *genetisches* Men-

"URGESCHICHTE"*

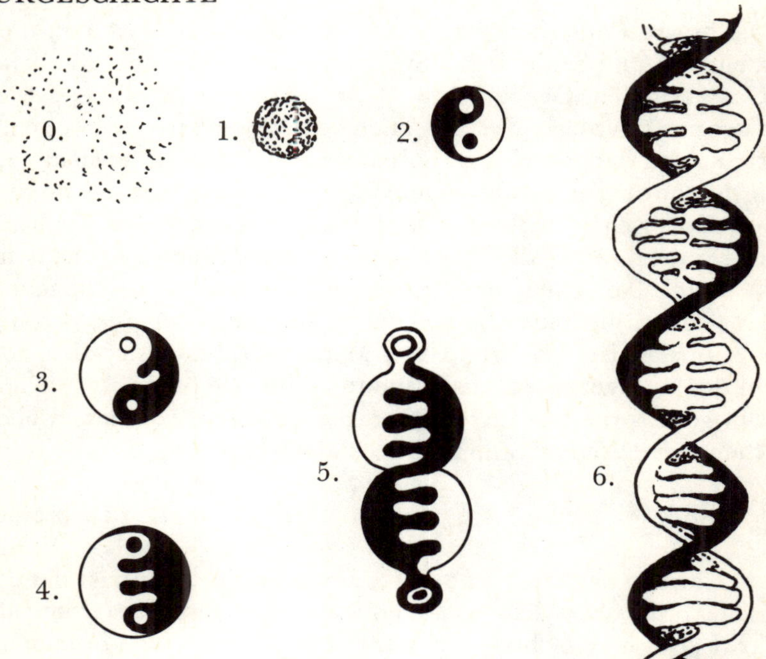

* Nach dem Entwurf von Fr. Susanne Arnold, Meilen (Schweiz).

schenbild, im Menschenpaar entfaltet sich der Kosmos. Den Urkräften des Kosmos, Yang und Yin, entsprechen Mann und Frau. Mit dem Mann Fuh-Hi beginnt die chinesische Geschichte, seiner Frau Nü-Kua wird die Erfindung der Ehe zugeordnet. Er jedoch gilt als Erfinder des I-GING, zumindest seiner 8 Basiszeichen, deren Verdoppelung die 64 Zeichen des I-GING ergeben. Dieses PAAR entspricht also Yang und Yin, dem Makrokosmos entspricht der Mikrokosmos. Ihre Ehe ist Teilhabe an der Weltpolarität, sie "übersetzen" die wechselnden Beziehungen von Tag –o– Nacht, Vollmond –o– Neumond, helle Nacht –o– dunkle Nacht, Sommer –o– Winter, also den Makrokosmos in den Mikrokosmos Mann –o– Frau.

Ein analoges System zum I-GING: Die Kabbalah

Die binäre Codierung der DNS – und des I-GING ist aber nicht das einzige universalistische System: in der jüdischen Kabbalah, der esoterischen Geheimlehre – der exoterischen Bibel ist ein ebenso merkwürdiges System, auch seine Elemente stellen gleichzeitig Zahlen dar. Es wird graphisch dargestellt im Lebensbaum der zehn Sephiroth. In einem denkwürdigen Vortrag vor der Sokratischen Gesellschaft legte ein meisterhafter Kenner der Kabbalah, Herr Dolibois, auch die enge Verwandtschaft dieses Systems mit dem I-Ging dar. Auch der "Baum des Lebens" der Kabbalah ist *polar* gebaut, mit einer Entsprechung zu Yang und Yin, der Gott der Kabbalah ist das Urbild von Mann *und* Frau, sichtlich noch nicht der zornige, patriarchale Stammesgott der Juden.

Übrigens spricht in diesem Sinn die Kabbalah von einem ebensolchen "genetischen" Zahlen-Buchstaben-Alphabet.

B 2
z.B. ABBA = Vater A A auch 1 1 zu schreiben.
B 2

Wenn Christus sagt: Ich und der Vater sind Eins, dann ist der esoterische Sinn also: Ich = die Polarität und ihre Entfaltung des EINEN zum Zweifachen, ICH BIN Transzendenz –o– Immanenz, das erzeugende Subjekt –o– das Mensch gewordene Objekt, der Gott –o– Mensch, Vater –o– Sohn.
1 = männlich – 2 = weiblich, also ein polarer Entwurf Gottes.

Die Krönung Mariä.

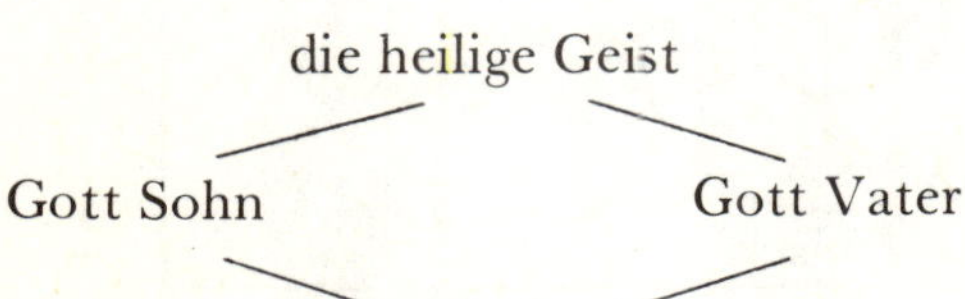

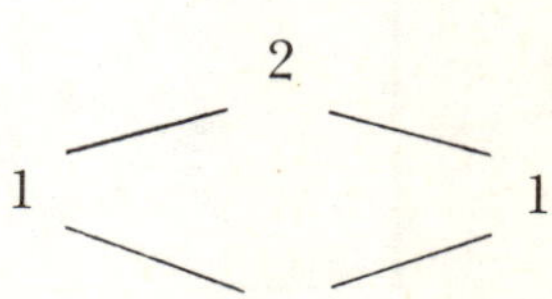

Das Wort wird

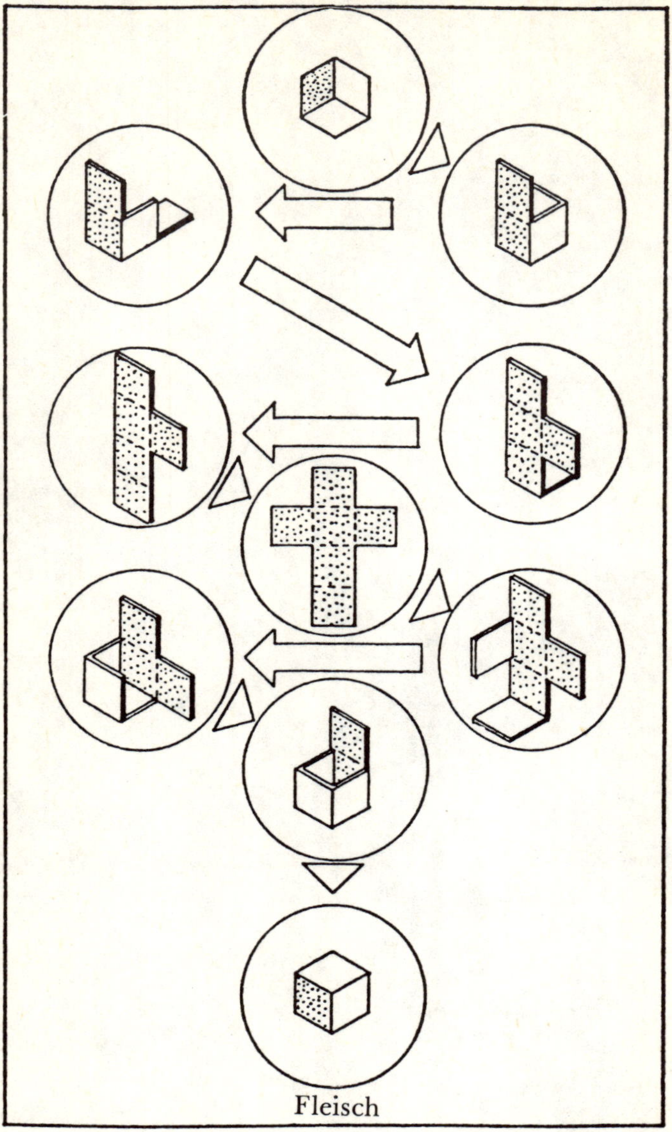

"Der Baum des Lebens" der Kabbalah
links die weiblichen, rechts die männlichen "Kräfte" Gottes,
zuseiten der tragenden Mitte.

Die Entwicklung des Menschen

Der Baum des Lebens beschreibt den sich entfaltenden Übergang von Gott zu Mensch. Das Diagramm auf der gegenüberliegenden Seite zeigt Gott (dargestellt als Würfel). Gott, das ICH WERDE SEIN, nimmt den ersten Platz oben im Diagramm ein. Mensch, das "Ebenbild und die Gleichgestalt Gottes", nimmt den letzten Platz unten im Diagramm ein. In der sechsten Position, auf halbem Wege zwischen Gott und Mensch, ist der Bewußtseinszustand "Christus", symbolisiert durch ein Kreuz.

Der obere Würfel ist wie eine Pappschachtel. Seine Oberflächen stellen das Bewußtsein der Göttlichkeit dar. Wie man sieht, sind nur drei der sechs Oberflächen sichtbar. Im Prozeß der Entfaltung (folge den Pfeilen) werden alle sechs Seiten im Kreuz sichtbar. Das Kreuz faltet sich dann wieder zurück in einen Würfel, aber diesmal mit den vorher äußeren Oberflächen nach innen. In der zehnten Position stellt der Würfel mit umgekehrten Innen- und Außenseiten das Bewußtsein der materiellen Welt dar, in dem das göttliche Bewußtsein verborgen ist.

In der Kabbalah ist "Christus" keine Persönlichkeit. Christus ist ein Bewußtseinzustand, verkörpert in vielen Individuen der Geschichte, einschließlich dem Menschen Jesus. Es ist ein Bewußtseinszustand, in dem Geistigkeit und Materialismus, Bewußtsein des Selbst und Bewußtsein des Anderen, innere Göttlichkeit und äußere Persönlichkeit in vollkommenem Gleichgewicht sind. Das Erlangen dieses Bewußtseinszustandes ist das Ziel des Studiums der Kabbalah.

Augustinus: Gott wurde Mensch,
damit der Mensch Gott werde –
(ein Quantengott! – der Autor)

Der Ur-(Adhi)-Buddha mit seiner weiblichen Entsprechung.

POLARITÄT des TANTRA

Nach den Entwürfen, die das PAAR in den Mittelpunkt ihrer Systeme stellen, dem TAO, der Kabbalah,* dem christlichen Entwurf bei Swedenborg, dem Ur-PAAR des I-GING: Fuh-Hi und Nü-Kua, bleibt noch ein System zu erwähnen: der Tantrismus, eine Blüte des buddhistischen Mahayana. Mein Freund Lama Govinda hält den hinduistischen Tantra für einen "Ableger" des buddhistischen Tantra, diesen also für die originale Wurzel, obwohl der erstere bei uns seiner drastisch anmutenden Darstellungen vereinigter Paare wegen bekannter ist, als der buddhistische! Bei der Toleranz des Asiaten sowohl gegenüber Sexualität wie auch Religionsformen stellt dies jedoch dort kein Problem dar. Die Mandalas des Tantra-Buddhismus stellen die fünf Buddha-Manifestationen (den Himmelsrichtungen entsprechend, und in der Mitte der nackt dargestellte Ur-(Adhi)-Buddha), jeweils vereinigt im Losprache der DNS, deren Inhalt der exakt strukturgleiche Code des leidenschaftlich von diesen weiblichen "Hälften" ein Bein um die Hüfte der männlichen Entsprechung geschlungen, dar. Große Meditations-Mandalas sind erfüllt von zahlreichen paarweise vereinten, "zornigen" –o– "friedvollen" "Gottheiten". Sie sind den Buddhisten meditatives Symbol, z.B. der Verbindung von Erkenntnis –o– Methode oder Name –o– Form, so wie bei Swedenborg der Mann für Gottes Weisheit –o– die Frau für Gottes Liebe steht – eine sehr genaue, bisher wohl nicht in Betracht gezogene Analogie zum Tantra-Buddhismus. Eine hervorragende Einführung in diese Weltanschauung liefern die Werke Lama Govindas und Guenthers.

---

* Siehe auch im Literaturverzeichnis: "Die Quantengötter".

Gibt es eine "Theologie der Sexualität"?

Nun, genau dies ist der provozierende Titel von Joachim Illies Buch (Lit.) – denn immerhin erwartet man von der Theologie prinzipiellen Abstand zur jahrtausendelang verfehmten Sexualität. Er kommt am Schluß des Buches zu Ergebnissen, die ich in meiner Arbeit kaum hinreichend würdigen kann, spricht Gedanken aus, die wirkliches Neuland bedeuten. Illies geht es zunächst um die Merkwürdigkeit der möglichen, im Idealfall vollziehbaren Versöhnung der animalisch-irdischen und der himmlischen Liebe, die Tatsache der zweifachen Herkunft der Liebe, von "unten" –o– von "oben". Denn freilich ist die Spannung zwischen dem Akt der geschlechtlichen Vereinigung schon der primitivsten Lebewesen und derselben Vereinigung personaler, durch Vernunft, Moral, Ästhetik, Gedächtnis, Wille, Gefühl ausgezeichneter Individuen, aus der Sicht von "oben" sicher ebenso extrem wie von "unten". Die Spannung ist so groß, daß ihr auch die Kirche immer wieder ausgewichen ist, mit Verteufelung des unteren Pols, der aber auch alle ausweichen, die sich mit diesem unteren Pol allein befassen, alle die unter dem Einfluß von Zeitgeist, Massenmedien und Gewohnheit Sexualität konsumieren – ohne den oberen Pol zu respektieren. Diesen kann man auch ohne christliche Theologie mit Goethe und Mozart als ein Konzert der Gefühle, ja als deren "Höchstes" bezeichnen: Gemüt, Geborgenheit, langjährige Treue, Verbundenheit, Aufopferung für den Partner, sichtlich nicht dem triebhaften Naturwillen (von "unten") entsprungen, sondern ethischen Kategorien (von "oben").

Polarität – die Weltformel

Unzählige derartige Analogien, die noch vor 20 Jahren als pure Phantasterei erschienen, zielen auf *eine* konkrete Weltformel, deren dynamisches Zentrum das Leben selbst ist, mit seiner Codesprache der DNS, deren Inhalt der exakt strukturgleiche Code des I-GING ist. Daß obendrein im I-GING unser Zeitbegriff nicht mehr gilt, erklärt die rätselhaft treffsicheren Prophezeiungen des I-GING, wenn es als "Orakel" benützt wird. Es ist als solches jedermann zugänglich. In Wirklichkeit ist bei der Befragung des I-GING lediglich ein exakter Schnitt durch die verborgene Zeit-Qualität (qualitas occulta hujus momenti) gegeben. Es ist also ein Einblick in das zeitlos-raumlos gültige (kategoriale) "Feld" möglich. Daß dieses im I-GING genau beschriebene und kommentierte Feld durch die oben beschriebenen Naturbeobachtungen von dem Ur-Menschen Fuh-Hi erkannt werden konnte, "ohne Hebel und Schrauben," beschreibt Fiedeler überzeugend. Entscheidend in den verschiedenen Lehren ist: Wer sich völlig zum *Objekt* dieses universalen Strukturen- und Ordnungs- *Subjekts* macht, wer wie Sokrates der Stimme des Gewissens, des Daimonion, sich fügt und folgt, ist im TAO, in der Nachfolge Christi, ist auf dem Weg des Buddha.

Polare Meta-Physik

Diese vielen Entwürfe sollen keineswegs den Eindruck eines theosophischen Gebräus aus allen Zeiten und Zonen darstellen, sondern nur berichten, daß es viele sehr verschiedene, als Wege getrennte Systeme gibt, die man nicht alle *gleichzeitig* gehen kann, die aber das gleiche Ziel haben. Mit den vielen Wegen mag es so stehen wie in dem Spruch: das "rechte" Mittel in der Hand des falschen Mannes wirkt falsch, das "falsche" Mittel in der Hand des richtigen Mannes wirkt recht.–

Gemeinsam ist all diesen Gedankenanstößen, daß sie die vielen Teil-Ansichten des "Berges" der Naturerkenntnisse aller Zeiten (plus der exakten Wissenschaften der Neuzeit) wieder als EINHEIT sichtbar machen und in einer sehr demokratischen Art Toleranz für ihre so verschiedene Sicht zeigen. In diesen Kreis toleranter Demokraten fügen sich sogar die Eliteforscher wie Einstein, Heisenberg, Planck ein, legitimiert von den Philosophen Sir John Eccles und Karl Popper. Sie bewiesen, z.T. mit Gedankenexperimenten, wie schon vor 200 Jahren Kant: Eine "dritte" Welt (Popper) determiniert die materielle Welt, wodurch aber auch ganzheitliche Naturerkenntnis fundiert wird. Es ist nicht mehr nötig, wie es die Wissenschaftler bisher taten, vergleichbar der indischen Legende, wo nur der Schwanz des Elefanten beschrieben, der Rest aber als nicht dazugehörig erachtet wird. Biologen irren, die nur die Materie *DNS* erforschen, ohne die schockierende Tatsache zu bemerken, daß sie den *Zweck* hat, Information zu speichern, in einer Sprache von 64 (32 x 2) Buchstaben, von Codons, von genetischen Wörtern, Sätzen darstellt. Ein Chromosom entspricht schon einer ganzen Wand voll Lexika. Ohne diese ganzheitliche Sicht verhalten sie sich wie Neandertaler beim Anblick einer Geige, ein paar armselige Bretter und Schafdarmfäden – das ist alles was sie erkennen. Die Elite der wirklichen (Allround-) Gelehrten wird eines Tages mit Andacht und schöpferischer Potenz auf diesem Instrument spielen, wie bereits jeder Künstler auf seinem einmalig-persönlichen DNS-Körper.

Gefahr und Chance der Zukunft

Die Verwirklichung der erstaunlichsten humanen Fernziele, wie z.B. durch vermehrte Eiweißproduktion die Dritte Welt von Hungerproblemen zu befreien, ist in greifbare Nähe gerückt. Die Möglichkeiten, DNS zu manipulieren, sind der internationalen kapitalistischen Mafia bekannt. Ebenso, daß diese Möglichkeit das Geschäft der Zukunft sein wird. Daß man durch DNS-Manipulation Krebsviren, tödliche Viren, als *Waffen* erzeugen kann, hat die rüstungsverbundene, kapitalverbundene Industrie viel früher aufhorchen lassen als die Humanisten. Hier, in der Zellkernspaltung und amoralischen, willkürlichen Gen-Technik liegt der gleiche tödliche Dualismus wie in der Atom-Kernspaltung, zum Nutzen wie zur Zerstörung tauglich. Atom-Kernenergie und Zell-Kernenergie (Information = Energie auf höherer Ebene) – sind die ungeheuren zukunftsformenden Entdeckungen auch für die nächsten Jahrhunderte. Die Entdeckung der Einheit von Natur und Geist in der DNS, auf die ich hinweisen darf* berechtigt zu der Hoffnung, daß Ordnung höchster Art es dem Menschen, ihrem spätesten Geschöpf, unmöglich mache, sich selbst und die Natur zu zerstören. Beide kann *er* vernichten, allein schon durch Atombomben (15-20 mal hinreichend für 4 Milliarden Menschen). Unzerstörbar ist jedoch diese Ordnung selbst – Sokrates, Christus, Buddha und unzählige Namenlose nahmen vollbewußt, verankert im Unzerstörbaren ihre materielle Vernichtung in Kauf.

---

*Gemeinsam mit M.L. von Franz, Prof. Stent (USA). Dr. F. Fiedeler.

Wir wollten zeigen, daß dieses Unzerstörbare als Geisteswelt beschrieben werden kann, als polare schöpferische Differenzierung. Jeder Einzelne ist noch in jeder Zelle, *PAAR* von Vater —o— Mutter, von allen Vätern —o— Müttern, bis zurück zum UR-PAAR der DNS-Vorstufen. Auch der einsame Mensch *ist* Polarität!

Diese Entwicklung erfordert jedoch die Mutation der Menschheit zu einem neuen, integral-polaren Bewußtsein nach Jean Gebser. Sie steht uns als Aufgabe bevor. Das missing-link, das vielgesuchte Bindeglied vom Affen zum Menschen muß – (wir sind es nämlich selbst) transformiert werden zum eigentlichen Menschen. Den Weg dazu haben die großen Führer der Menschheit freigemacht, die Vorbilder aller Religionen, Philosophien, sie waren bereits Menschen. Wir können, sollen, wollen es werden!

Mensch – mit Scham und ohne Scham!

Zur "Menschwerdung" gehört neben dem Erwerb der Sprache, dem Gebrauch des Feuers auch die ganzjährig verfügbare Sexualität – im Gegensatz zu den kurzen Brunstzeiten der Tiere – und der aufrechte Gang. Er verändert die Wahrnehmbarkeit der Genitalgegend entscheidend. After und Scheide werden verborgener, Männlichkeit sichtbarer.

Die Polarität:

sichtbar = äußerlich = "öffentlich" = männlich —o— weiblich = "geheim" = innerlich = unsichtbar wird gesteigert!

Scham entsteht – ein regulierender Faktor des Verhaltens und Merkmal der Menschengesellschaft. Sie *fehlt* in der Intimität der frühen Kindheit durch Indentität mit der Mutter – und löst sich auf bei der *PAAR*-Werdung. Das *PAAR* ist "der identische" Zuschauer des Schauspiels der polaren Welt.

III. HEILUNG DURCH POLARITÄT

Wie soll das geschehen?

Bevor wir zur Verwirklichung dieser "Therapie" der tiefsten Ursache unserer jetzigen Situation, der Korrektur des bedrohlichen Gleichgewichtsverlustes der Geschlechter kommen, müssen wir unsere Kenntnisse der Polarität über diesen "Katechismus" hinaus vertiefen. Ohne genauere Naturerkenntnis war der Mensch nicht fähig, die Natur zu beherrschen. Die Anwendung der Elektrizität datiert erst seit genauer Kenntnis der Gesetze des Stroms, seiner Stärke, seiner Spannung, seiner elektromagnetischen Gesetze – ich selbst erlebte noch die Einführung des elektrischen Lichts. Die Ansätze zur Wiederherstellung des "elektrisch-magnetischen" Gleichgewichts von Mann und Frau sind – zufällig? – etwa genauso alt: die Emanzipation der Frau – wohlverstanden nicht als neues Matriarchat, sondern zu einem Gleichgewicht der Geschlechter. Wäre es nicht möglich, was im technischen Bereich so hervorragend gelang, durch Kenntnis der Gesetze der Polarität auch im sozialen, humanen und – sexuellen Bereich zu leisten? Konkret: Ist nicht in der Abstoßung und Anziehung von Mann und Frau mehr als eine Analogie, ein Vergleich, sondern ein *Energieproblem* gegeben. Trotzdem wir uns hier auf unerforschtem Gebiet bewegen, nimmt zwar nicht unser Verstand (meßbar), sondern unsere Intuition, unsere Anschauung unmittelbar wahr: wenn zwei Pole exakt zusammenpassen, verschwindet die Einseitigkeit der Pole und ein schwer beschreibbarer Zustand von Harmonie und Kraft wird erlebt, z.B. in den Harmonien einer Symphonie, eines Tanzes, eines Gemäldes, einer Skulptur – eines Paares. Stellen Sie sich zwei Halbkugeln vor, die glatte Fläche der einen weist eine Höhlung auf, die der anderen einen genau entsprechenden Vorsprung, zusammengepaßt entsteht eine völlig glatte Kugel, deren Oberfläche kaum mehr Anzeichen von zwei ganz verschiedenen Hälften aufweist – exakt zentriert durch ihre Passung. Schulen Sie Ihren Blick an Tausenden solcher Beispiele, den Blick für das merkwürdige Für-Einander-Bestimmt-Sein von Dingen, Farben, Menschen, Ideen. Spüren Sie die Freude daran! – Spüren Sie die Freude daran? Das GANZE ist mehr als die Summe der Teile. Energetisch gesprochen scheint bei exakt gefundener Polarität ein Einstrom kosmischer Energie an der Kontaktstelle zu erfolgen – das orgastische Erlebnis stellt im Tantra-Buddhismus kosmische Energie durch vereinte Pole dar. Wilhelm Reich versuchte diese universelle Energie in seiner Orgon-Theorie zu erfassen, wohl ein verfrühter Versuch.

Man mag *all* diese Begründungen der Polarität trotz einigem Interesse für unverbindlich halten, für "Metaphysik" oder Philosophie. Darum füge ich hier nach dem *ersten* Teil: Analyse der Ur- und Vorgeschichte des Einzelmenschen wie der Menschheit, dem *zweiten* Teil, der *Diagnose* unserer isolierten Sexualität und der notwendigen Wiedereingliederung derselben in eine universelle Polarität hier eine Reihe von Gedanken und vielleicht konkrete Belege zur Berechtigung unseres Standpunkts ein.

Synthese der Wissenschaft

Offensichtlich sind die meisten Wissenschaftler Spezialisten – dem Philosophen ist jeglicher Kontakt mit den Chemikern, dem Theologen mit den Physikern oder Biologen verlorengegangen. Wir deuten bereits an, daß diese echt patriarchale Entwicklung zum Spezialisten deutlich an eine Grenze gelangt ist, ja diese Grenze ist von der Vorhut der Menschheit schon überschritten und es sind seit einigen Jahrzehnten Verbindungen über die Schranken und Scheuklappen hinweg entdeckt worden, die Ansätze zu einem Univeralismus auf wissenschaftlicher Ebene darstellen. Ohne exakte Naturwissenschaft ist z.B. der Taoismus für den Chemiker, Physiker nicht annehmbar, nicht "wahr". Ein neuer Universalismus aber verbindet in einem einheitlichen, verbindlichen System die Polarität Natur –o– Geisteswissenschaften, die seit etwa 300 Jahren getrennte Wege gingen, wieder. Gegensätze, die bis an ihre Grenze ausgeformt, entfremdet, nun merkwürdigerweise "magnetisch" polar sich wiederfinden. Sichtlich können aber nicht Fakultäten mit ihrem ungeheuren Spezialwissen Verbindung aufnehmen, sondern nur *Personen,* die neben ihrem Fachwissen dauernd bemüht sind, den Extrakt vieler Fachgebiete in sich zu verbinden, zu integrieren. Sie sind sozusagen im Besitz des Hauptschlüssels, der neben ihrem Hotelzimmer auch die Haustür, aber auch alle anderen Zimmer öffnet. Vergleichbar nehme ich auf Grund meiner Eigenschaft als Arzt für Allgemeinmedizin mir das Recht, durch bescheidenen Überblick über die Fachgebiete, ein *ärztliches Urteil* zu bilden, oft im Gegensatz zu Fachärzten zu entscheiden, die gerne operieren möchten was m.E. psychotherapiert gehört. Dieser universalistische Hauptschlüssel, dieses integrale Bewußtsein der neuen Menschheit, ist das Polaritäts-Denken und -Handeln. Vielleicht ist er sogar der Schlüssel zu einem verlorenen und wiedergefundenen Paradies?

Das Literaturverzeichnis dieses Buches soll nicht nur als Nachweis der Zitate dienen, sondern animieren, bei all diesen Autoren ausgeführt zu lesen, was hier nur kurz angedeutet werden kann: Ein Hauptthema ist die *Zusammenfügung* (Synthese) dessen, was jahrhundertelang unheilbar, unheilvoll gespalten (Analyse) schien, wie Natur- und Geisteswissenschaft. Ein äußerst lesenswerter Anstoß ist z.B. Dieter Duhms "Synthese der Wissenschaft" (Kübler-Verlag) zur Überwindung der Gegensätze von Religion, Philosophie, Physik. Der Begriff 'Resonanz' ist ein solcher Hauptschlüssel – schon in der Lehre des Pythagoras gegeben. Resonanz meint Schwingungen, die zusammenpassen, Schwingung ist ein besonders gutes Beispiel für Polarität. F.A. Popp hat in vielen Arbeiten auf biophysikalischem Gebiet nachgewiesen, daß Resonanz und Laserfunktion (mit Supraleitfähigkeit) im Zellkern, der DNS aller lebenden Zellen (auch der Pflanzen) Kommunikation, Steuerung aller Lebensvorgänge, bewirkt. Kommunikation, Information ist aber das Übergangsfeld zwischen "innen" und "außen", also von Geist – Subjekt –o– Natur – Objekt!

Für die Kenner der altchinesischen Weltlehre, überliefert aus frühesten Zeiten und im I-GING festgehalten, war die sensationelle Entdeckung des Genetischen Code vor etwa 16 Jahren eine Sensation besonderer Art. Zu meiner Erschütterung kannte ich nämlich dieses komplizierte, computerartig aufgebaute System bereits. Ich erkannte es als das gleiche System von 64 Tripletts wie das I-GING. In jahrelanger Arbeit, gefördert durch meinen Freund Jean Gebser, mit ihm im Geist des Polaritätsdenkens verbunden, schrieb ich mein Buch "Verborgener Schlüssel zum Leben – Weltformel I-GING im Genetischen Code". Er begrüßte meinen Fund der Identität des Systems des I-GING aus der chinesischen Urzeit mit dem Millionen Jahre alten Computersystem des Genetischen Code, entdeckt durch raffinierte Detektivarbeit im Wettlauf mehrerer Wissenschaftler, als "überwältigenden Fund" und als Krönung seiner philosophischen Erwartungen. In *einer* Tafel konnte ich die beiden so entlegen beheimateten und scheinbar äußerst verschiedenen Gebieten entstammenden Systeme integrieren. Sowohl die genetischen Codons wie die Codesymbole des I-GING sind Musterbeispiele von Polarität, aus binären Elementen von Zahlenwert aufgebaut. Daß auch die "Bedeutung" der wenigen genetischen Codons, die im menschlichen Begreifen "Sinn" haben, im I-GING *dieselbe* Bedeutung haben – das Wort-System (Code), das allem Fleisch zugrunde liegt, im I-GING *lesbar* geworden ist – rechtfertigt tatsächlich Jean Gebsers Begeisterung. Hier liegt eine konkrete Synthese vor, wie ich sie Ihnen auf vielen Gebieten berichtete.

Durch die Arbeiten des Physikers F.A. Popp über die DNS als Photonenspeicher, die beim Absterben der DNS in einem *Spektrum* abgestrahlt werden, ist die Hypothese der Prägung der DNS in sehr spezifischer Weise durch gleichzeitig energetische wie informative "Quanten", also Veränderungen des kosmischen Feldes, in unmittelbare Nachbarschaft zu philosophischen und theologischen Aussagen gerückt – *polare* Aussagen sind impliziert! Beachten Sie in meiner Tafel der ineinandergeschriebenen Codons des Genetischen Codes, daß

1. die Basen Uracil, Cytosin, Guanin, Adenin, also UCGA immer polar, *paarweise* gebunden sind,
2. daß der binäre Zahlenwert der Codons, da gegenüber auf der Doppelhelix liegend, eine konstante Summe gibt, nämlich 63, eine exakte polare "Mengenlehre" beidseits der imaginären Mitte der Helix. Diese Mitte ist unsichtbar – wie die Polarität selbst.

Paarige DNS – Die Entsprechung des Makrokosmos

Hierzu die Information des Biophysikers F.A. *Popp*: Die DNS-Vorstufen in den Weltmeeren speicherten Photonen bei Tag, um nachts ihre Kohärenz zu erhalten, zu stabilisieren. Diese Photonenspeicherung ist und bleibt Eigenschaft aller späteren DNS-Moleküle. Ein Zusammenhang mit Sonnen- und Mondeinflüssen, eine Einwirkung auf die DNS erscheint also als Basiserfahrung.

Interessanterweise können die 32 x 2 (von den 64 möglichen Codons liegen 32 einander polar genau gegenüber) Codons auf genau 19 Windungen der DNS-Helix (= Wendeltreppe) untergebracht werden, übrigens genau entsprechend dem Meton-Zyklus der Mondaufgänge, der nach 19 Umläufen wieder beginnt. Die menschliche DNS hat 4 - 5 Milliarden Windungen – das Leben begann vor 4 - 5 Milliarden Jahren, d.h. Sonnenumkreisungen der Erde, die DNS des Menschen könnte also als Rekapitulation und Speicher der Geschichte des Lebens von Anbeginn gesehen wer-

Tafel des Genetischen Codes

Erster Buchstabe	Zweiter Buchstabe: U		C		A		G		Dritter Buchstabe
U	UUU	Phe	UCU		UAU	Tyr	UGU	Cys	U
	UUC		UCC		UAC		UGC		C
	UUA	Leu	UCA	Ser	UAA	OCHRE (STOP)	UGA	Start	A
	UUG		UCG		UAG	AMBER (STOP)	UGG	Tryp	G
C	CUU		CCU		CAU	His	CGU		U
	CUC	Leu	CCC	Pro	CAC		CGC	Arg	C
	CUA		CCA		CAA	GluN	CGA		A
	CUG		CCG		CAG		CGG		G
A	AUU		ACU		AAU	AspN	AGU	Ser	U
	AUC	Ileu	ACC	Thr	AAC		AGC		C
	AUA		ACA		AAA	Lys	AGA	Arg	A
	AUG	Met = Start	ACG		AAG		AGG		G
G	GUU		GCU		GAU	Asp	GGU		U
	GUC	Val	GCC	Ala	GAC		GGC	Gly	C
	GUA		GCA		GAA	Glu	GGA		A
	GUG		GCG		GAG		GGG		G

Die 4 Buchstaben des Genetischen Codes:

U – Uracil
C – Cytosin
A – Adenin
G – Guanin

Liste der Aminosäuren und deren Abkürzungen in obigem Code:

Ala – Alanin
Arg – Arginin
Asp – Asparginsäure
AspN – Aspargin
Cys – Cystein
Glu – Glutaminsäure
GluN – Glutamin
Gly – Glycin
His – Histidin
Ileu – Isoleucin
Leu – Leucin
Lys – Lysin
Met – Methionin
Phe – Phenylalanin
Pro – Prolin
Ser – Serin
Thr – Threonin
Trp – Tryptophan
Tyr – Tyrosin
Val – Valin

Bereits Leibniz, der Entdecker der binären Mathematik, fand die Übereinstimmung mit dem 5000 Jahre alten kosmischen System des I-GING (TAO - Weltpole Yang - Yin), in dem eine allgemein gültige polare Psychologie, Kosmologie, Programmiersystem, Raum-Zeit-Koordination vorliegt.

In der zweiten Tabelle sind koordiniert:
1. arabische und binäre Zahlen (O und L)
2. die binäre Ordnung des I-GING in Elementen ——— (Yang) und – – (Yin)
3. links am Rande: die Abkürzungen der Aminosäuren Phe, Leu, Ser, wie in der Biologie gebräuchlich
4. der Genetische Code UUU - UUG - UUA - - -

Die Ineinanderschreibung der beiden Codes in der binären Ordnung (mit Änderung der Reihenfolge AG in GA) ergibt:
1. eine Periodische Ordnung der Aminosäuren
2. a) Einheit der Programmbedeutung — Codon
   b) Psychologische und Zeitmatrize des I-GING — Psychon
   c) Aminosäuren-Pendant — Somaton

Zeitmatrize und psychologisches System des I-GING im Genetischen Code

Nr.		Code	Codon	Nr.		Code	Codon	Nr.		Code	Codon	Nr.		Code	Codon
0	Phe	000000	UUU	4	Ser	000L00	UCU	8	Cys	00L000	UGU	12	Tyr	00LL00	UAU
16	Phe	0L0000	UUC	20	Ser	0L0L00	UCC	24	Cys	0LL000	UGC	28	Tyr	0LLL00	UAC
32	Leu	L00000	UUG	36	Ser	L00L00	UCG	40	Tryp	L0L000	UGG	44	Amber	L0LL00	UAG
48	Leu	LL0000	UUA	52	Ser	LL0L00	UCA	56	Stop?	LLL000	UGA	60	Odre	LLLL00	UAA
1	Leu	00000L	CUU	5	Pro	000L0L	CCU	9	Arg	00L00L	CGU	13	His	00LL0L	CAU
17	Leu	0L000L	CUC	21	Pro	0L0L0L	CCC	25	Arg	0LL00L	CGC	29	His	0LLL0L	CAC
33	Leu	L0000L	CUG	37	Pro	L00L0L	CCG	41	Arg	L0L00L	CGG	45	GluN	L0LL0L	CAG
49	Leu	LL000L	CUA	53	Pro	LL0L0L	CCA	57	Arg	LLL00L	CGA	61	GluN	LLLL0L	CAA
2	Val	0000L0	GUU	6	Ala	000LL0	GCU	10	Gly	00L0L0	GGU	14	Asp	00LLL0	GAU
18	Val	0L00L0	GUC	22	Ala	0L0LL0	GCC	26	Gly	0LL0L0	GGC	30	Asp	0LLLL0	GAC
34	Val	L000L0	GUG	38	Ala	L00LL0	GCG	42	Gly	L0L0L0	GGG	46	Glu	L0LLL0	GAG
50	Val	LL00L0	GUA	54	Ala	LL0LL0	GCA	58	Gly	LLL0L0	GGA	62	Glu	LLLLL0	GAA
3	Ileu	0000LL	AUU	7	Thr	000LLL	ACU	11	Ser	00L0LL	AGU	15	AspN	00LLLL	AAU
19	Ileu	0L00LL	AUC	23	Thr	0L0LLL	ACC	27	Ser	0LL0LL	AGC	31	AspN	0LLLLL	AAC
35	Met	L000LL	AUG	39	Thr	L00LLL	ACG	43	Arg	L0L0LL	AGG	47	Lys	L0LLLL	AAG
51	Met	LL00LL	AUA	55	Thr	LL0LLL	ACA	59	Arg	LLL0LL	AGA	63	Lys	LLLLLL	AAA

Tafel aus: Schönberger, Verborgener Schlüssel zum Leben – Weltformel I-GING im Genetischen Code. Scherz Verlag, München 1981.

den. Der Mensch bildet im Grundschema des chinesischen Weltsystems das vermittelnde Element zwischen Himmel und Erde, das Medium, die Übersetzung der himmlischen Einflüsse in die irdische Materie, wobei er selbst den Mikrokosmos als Ganzes repräsentiert. Weiter hierzu Dr. Frank Fiedeler: "Wir gelangen dadurch zu einer Vorstellung des Mikrokosmos – der lebenden Zelle –, die ihn uns als vollkommen *gestülptes* Modell der makrokosmischen Welt zeigt, so daß das Äußere nach innen und das Innere wiederum nach außen gekehrt erscheint. Der Himmel, die DNS-Wendel, ist in der Mitte, während sich die Erde, nämlich die Proteinorganik der Zelle, nach allen Seiten hin um das himmlische Informationszentrum herum erstreckt. Die Vorstellung erinnert an jene wagenradförmigen Raumschiffkonstruktionen, in welchen die Schwerkraft der Erde durch die Zentrifugalkraft des rotierenden Rades simuliert wird." "Die Evolution des Lebens greift offenbar auf jeder Entwicklungsstufe immer wieder in irgendeiner Weise auf die altbewährten Grundformen zurück." (aus: "Die Wende")

Zusammenfassung universalistischer Lehren

In der langen, dramatischen, leidvollen Lebensgeschichte männlicher und weiblicher Individuen erforschten wir die Bedeutung der frühen Kindheit; in der Erforschung der menschlichen Urgeschichte, der männlichen und weiblichen Gesellschaften tauchte ebenso der Verdacht auf, daß "ewig" Leidenszustände verursacht wurden durch ganz bestimmte, erstmals von Freud erforschte *Fehlbeurteilungen,* die sofort heftig verdrängt wurden. Der verdrängte, unbewußte Komplex hat aber bei Individuum wie Gesellschaft vorwiegend, wenigstens in seiner Wurzel, einen *sexuellen* Inhalt. Die Sexualität des "ober"-bewußten Verhaltens wird dadurch, um den angstbesetzten Komplex (z.B. die verschlingende Mutter, den despotischen Vater) zu vermeiden, *nicht* polar, magnetisch, höchst beglückend erlebt, sondern in tausendfacher Weise verkrüppelt und pervertiert. Ebenso wird das gesellschaftliche Leben der Summe dieser Männer und Frauen, der Gesellschaften also, in äußerst vielfältiger Weise von Generation zu Generation in leidvoller Steigerung überliefert, wird Tradition. Die Pathologie des Einzelnen wie der Gesellschaft ist determiniert durch das dualistische, einseitige Erlebnis des Geschlechtsunterschiedes.

Beim Einzelnen wie bei der Gesellschaft, könnte der Arzt schließen, ist also eine *Aufdeckung* der Ursachen, Verständnis dieser bis jetzt unbekannten, unbewußten Ursachen möglich und nötig.

Über die bisherige (patriarchale) pessimistische Psychoanalyse Freuds hinaus ist uns jetzt eine gewaltig wirkende, ja *die* Gewalt des Kosmos bekannt geworden in vielen Systemen und Autoren solcher Systeme: die alles durchflutende Kraft der *Polarität*, die durch das Vernunftsubjekt – ebenso wie die Elektrizität des Gewitters, ebenso wie die verheerende Macht der Feuers "wenn sie der Mensch bezähmt, bewacht", bewacht, bezähmt werden kann – wie es dem Menschen bei der Macht des Feuers, bei der Kraft der Elektrizität gelungen ist.

In unseren universalistischen Polaritätslehren in Ost und West wurde uns die heilende Kraft der in Liebe *und* Sexualität glücklich vereinten PAARE deutlich als zentrale Entsprechung des Kosmos. Die DNS von "Spinat wie Mensch" (lese ich eben bei einem englischen Biologen) ist tatsächlich PAAR von Billionen Paarungen seit Anbeginn des Lebens, ein Fleckenteppich gewebt aus männlichen und weiblichen "sexuell" verbundenen PAAREN – sie leben weiter und weiter in uns, lebendige *POLARITÄT*.

Das ist konkret SO und metaphysisch SO und philosophisch SO und biologisch SO und religiös SO!

Und der männlich - weibliche Gott der Bibel sah, "es war alles gut" – (SO)!

Buddhistisch: *SO*-heit = BUDDHA –o– SAMSARA = NIRVANA!
Wenn es SO ist , ist es das Paradies, das eigentlich gar nicht verlorengehen kann. Der Leidenszustand begann aber nach dem Bericht der Bibel, daß nur *Eva* mit der Schlange sprach und ihre Lehre empfing. Darum sind die Frauen auch nach unseren, für Patriarchen höchst unbehaglichen Erkenntnissen, die heimlichen Inhaberinnen und Vermittlerinnen des vergleichweise paradiesischen Lebensgefühls unserer frühesten Kindheit, in ihnen ist immer noch ein Stück Paradies!

Heilung durch POLARITÄT – in der PRAXIS

Nun erst, gleichgewichtig informiert, ist vielleicht ein gleichgewichtiges PAAR möglich! Und das Erlebnis, daß alles SO ist wie es ist und SO gut ist wie es ist, d.h. das Primärerlebnis der Frauen, der Mütter. Das analoge Erlebnis der Männer wurde bisher nur von den Philosophen, Dichtern und Künstlern realisiert – vom Patriarchat verfehlt! Ähnlich wie erst die Erkenntnis der Naturgesetze, z.B. des Magnetismus, die Beherrrschung der Natur ermöglichte, könnte, müßte die Erkenntnis: unerkannt sind die polaren Kräfte, ja verdreht "erkannt" (Kastrationskomplex, Patriarchatskomplex, Matriarchatskomplex) Ursache und treibender Herd für die Feindschaft, für die Probleme von Mann und Frau, die Abstoßung wird immer stärker, je mehr *magisch wirksame Fehlurteile* ("cherchez la femme" – "die Männer sind alle Verbrecher") sich zerstörend aufbauen und verewigen. Wahrheitsgemäß erkannt, gleichgewichtig geworden, müßten sich die Pole von Mann und Frau im Einzelleben wie Gesellschaft verstehend verbindend, vermählend ergänzen. Nun kann die Anziehungskraft der Pole die Abstoßungskraft der Gegensätze überwinden, am Schluß unwiderstehlich werden. Nun erst wird anstelle der flüchtigen sexuellen Ekstase von Sekunden dauernde magnetische Verbundenheit in allen Handlungen und Problemen (Politik!) des Alltags beglückend erlebbar. Die Probleme werden fruchtbare Dialektik, werden Synthese mit neuen Problemen, die beiderseits *erkannt*, neue Synthese ermöglichen.

Polarität als Therapie

Es ist klar, daß Fehlsteuerungen so früh wie möglich korrigiert werden sollen – die Steuerung der polaren Energien, die Überwindung der Abstoßungskräfte ist *die* eigentliche Arbeit, die wir leisten müssen. Polarität ist nämlich wie jener Magnetberg im Märchen, der alle Schiffe, die sich ihm nähern, unwiderstehlich anzieht, und der dann doch über lange Zeiten unerreichbar, eine Fata Morgana erscheint, die immer weiter zurückweicht, ebenfalls ein Gleichnis E. Jüngers – "ein Zentrum von so abweisender Kraft, daß es nirgends auffindbar erscheint, unsichtbar wie die Rückseite des Mondes". In einer *ZEN*-Legende verläßt der Schüler sein Haus, um das große Ziel, die wahre Heimat zu finden, kämpft sich durch tausend Gefahren, Höhen, Tiefen und findet in nächtlicher Finsternis, seiner inneren Führung vertrauend, das Ziel. Er betritt es, und erkennt erst jetzt, daß er *sein* Haus durch die Hintertüre betrat. Das, was immer da war, ist nun erst seine wahre Heimat geworden. Wir wären also auf dem Weg wohl verloren ohne den magnetischen Kompass als Führer. Sokrates nannte es sein Daimonion, dem er völlig vertraute. Die außerordentliche Bedeutung dieses sokratischen Gewissens, dieser inneren Führung, hat Sabine *Louis* klargelegt, sie befreite Sokrates von seiner Patina, nämlich seiner Verfremdung durch Plato! Nun erscheint Sokrates als ein sehr moderner Führer, alternativ zu allen dogmatischen Systemen. Was tat er? *Er fragte* – alle Antworten aber erweist er als Aussagen, die das Ganze nicht aussprechen können. Am Ende seiner Befragung steht daher das berühmte sokratische Nichtwissen, das Schweigen, schweigendes Verharren, Verstehen und doch nicht Aussprechen können.

Sexualität integriert in Polarität

Auch unsere Kinder fragen, wie Sokrates, nach den "letzten Dingen": Woher bin ich gekommen? Wohin kommen die Toten? Wieso gibt es den Geschlechtsunterschied? Wie die Gesprächspartner des Sokrates können auch wir die "letzten Dinge" nicht beantworten, das was wir antworten, sind nicht die letzten Dinge selbst. Das erhellt die Schwierigkeit eines Sexualitätsunterrichts. In Wirklichkeit wollen die kleinen Frager viel mehr wissen als einige anatomische Details. *Hier* liegt die eigentliche, wohl bisher gar nicht erkannte Schwierigkeit des Sexualkundeunterrichts, in West sowohl wie Ost. Wir können aber wenigstens die *falschen* Informationen und Schlüsse vermeiden, das *sexuelle Mißverständnis* – die Ursache so vieler Neurosen, Perversionen, lebenslänglicher Frigidität, Impotenz. Waren bis jetzt nicht die allermeisten Männer *impotent* bezogen auf eine volle Liebespolarität zur Frau in allen gemeinsamen Problemen des Alltags, der Öffentlichkeit, der Politik als *Ganztags-Partnerinnen,* nicht nur zu einem Viertelsündchen "Sex"?

Eine noch so bescheidene Information über die *universelle Pola-*

rität sollte dem so vielfältig akzentuierten, sicherlich notwendigen Sexualkundeunterricht vorhergehen. Er würde ihn wesentlich erleichtern, er würde die Sexualität in diese universelle Polarität integrieren. Zu diesem Zweck könnten wir den etwa sechsjährigen Kindern, den fragenden Sokratikern viele Beispiele, sozusagen eine "Mengenlehre" von gleichgewichtigen Polen liefern, dies zuerst, an deren Ende dann der Unterschied der Geschlechter ebenfalls als Polarität unter unzähligen Polaritäten integriert erscheint. Wir erhoffen uns dadurch mit gutem Grund auch eine wesentliche Erleichterung bereits drohender Fehlschaltungen, bereits vorhandener Neurosen, nämlich des unvermeidlichen Kastrationskomplexes im heute noch dominierenden Patriarchat.

Polare Mengenlehre

Tag —o— Nacht
Norden —o— Süden
Osten —o— Westen
vorne —o— hinten
rechts —o— links
Am besten soll das Kind dann selber den logischen
Gegenpol nennen.
entstehen —o— vergehen
oben —o— unten
steigen —o— fallen
trocken —o— feucht
hell —o— dunkel
ausdehnen —o— zusammenziehen
Kuppel —o— Höhle
Schlüssel —o— Schloß
Vater —o— Mutter
Mann —o— Frau
Krone —o— Wurzel
Himmel —o— Erde
Wut —o— Angst
Tod —o— Geburt
außen —o— innen
sichtbar —o— unsichtbar
männlich —o— weiblich
Glied —o— Scheide

Ergänzen wir durch ein Schaubild unseren Polaritätsunterricht:

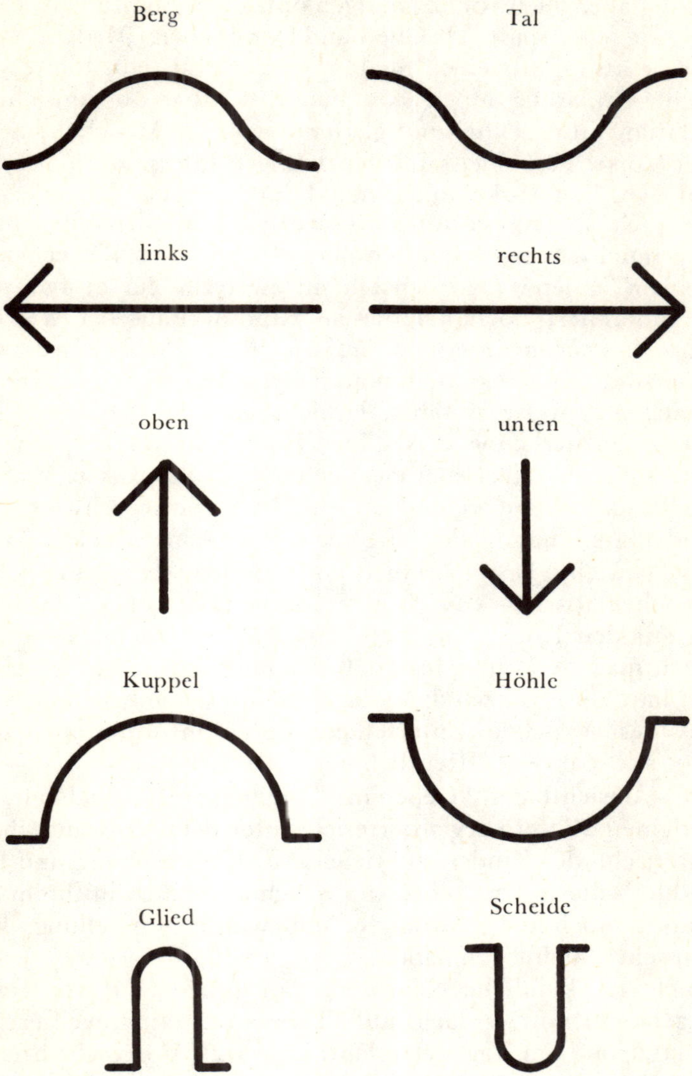

Schaubild “auf den Kopf” stellen!

Verhüteter sexueller Komplex

Nun sprechen wir direkt von der bisherigen Unkenntnis dieser vielen Pole, aber auch vom bisherigen optischen Eindruck des Jungen: bei mir *sehe,* spüre ich Glied und Hoden, beim Mädchen *sehe* ich aber nichts – nur einen Spalt. Anscheinend fehlt hier etwas. Hier ist die Erklärung außen –o– innen, sichtbar –o– unsichtbar zur Erklärung ausdrücklich nötig. Denn auch das Mädchen hat anstelle der Vorstellung oder samt der richtigen Information Scheide, Gebärmutter, Eierstöcke nur einen blinden Fleck: bei mir *sehe* und fühle ich nichts, bei mir *fehlt* sichtlich Männlichkeit. Kinder sind Augenmenschen – wenn ich einem Kind einen Eisbecher anbiete, einem anderen danebenstehend zwei DM für morgen verspreche, dominiert doch bei diesem Kind weitaus der Wunsch: *jetzt, sofort, sichtbar, greifbar, das Gleiche zu haben.* Bedauerlicherweise sind unsere exakten, materialistischen Wissenschaftler in genau analoger Weise unfähig, Unsichtbares als gleichgewichtig Sichtbarem anzuerkennen. Als Medizinstudent im Präpariersaal wunderte ich mich selbst über das Fehlen jeglicher exakter Vorstellungen über das innere weibliche Genitale – wieviel schwerer mag dies Kinder ankommen. Hier hilft uns ein optischer 'Zauber'-Trick, die Gleichgewichtigkeit von Glied und Scheide wenigstens – freilich nur schematisch – einsichtig zu machen. Wir stellen das obige Schema auf den Kopf – und etwas verblüfft stellt das Kind und auch noch manche Mutter fest, daß sich merkwürdigerweise *nichts* geändert hat. Wir ergänzen dann die aufdämmernde Erkenntnis der Polarität des sexuellen Unterschieds durch Informationen über außen – sichtbar – "Öffentlichkeit" des Männlichen –o– mit – innen – unsichtbar – "Geheimnis" bleibender Weiblichkeit. Bei vielen frigiden Müttern registrierte ich unter dem Vorwand, ihnen den Unterricht der Kinder zu erleichtern, Überraschung und Heiterkeit durch dieses Umdrehen des Schemas – auch in ihrem Gehirn spukte noch die verdrängte, unbewußte Vorstellung, kein Junge zu sein, "nichts" zu haben.

Beispiele für kindliche Neurosen: Ein Junge wird von seiner Mutter gebracht mit Verdacht auf Blasenentzündung, weil er vielleicht fünfzigmal am Tag wasserläßt. Urin o.B. Vorgeschichte: Er hatte ein Schwesterchen bekommen. Deutung: Er überzeugt sich fünfzigmal am Tag, daß er "es" noch habe, sein Glied nämlich.

Ein Mädchen mit häufigen Nabelkoliken (ohne Befund), erheblicher Nervosität mit Lernstörung, auffallende motorische Ungeschicklichkeit beim Sport, häufiges Hinfallen. Die Störung trat prompt – sie ist sechs Jahre alt – nach der Geburt eines Brüderchens auf.

Bei beiden wird durch die peinliche Vorstellung: Mit fehlt ein *Glied* – oder dort fehlt eines – (vielleicht auch bald mir, ein Zahn fiel mir ja auch schon überraschend aus!) – der ganze Körper von nun ab als Summe von lauter *Gliedern* erlebt, die beileibe nicht *auch* noch verlorengehen dürfen. Typische Träume: Ein Krokodil beißt mir ein Bein ab. Ein einmaliges Gespräch mit Demonstration unseres Polaritätsschemas und vielen kleinen Beispielen genügte bei beiden Patienten, die repräsentativ für sehr viele andere stehen, um die nervöse Störung zu beheben. Das Mädchen wurde nach kurzer Zeit Klassensprecherin und hervorragende Sportlerin, die Lernstörung verlor sich völlig. *Nicht* analysiert wird die Störung unbewußt, z.T. verdrängt und kann *lebenslang* weiterbestehen.

Diese sokratischen Gespräche mit Kindern sollten in Abständen wiederholt und vertieft werden mit Ermutigung zu nun speziellen Fragen über männliche und weibliche Organe und schließlich über Geburt und Zeugung. Die beste Aufklärung freilich ist ein gleichgewichtiges PAAR, dem die Kinder nicht Besitz, sondern Menschen sind, uns anvertraut, um ebenfalls erwachsene Menschen zu werden. Vernachlässigung wie Vergötterung, Härte wie Verwöhnung machen neurotische Erwachsene, unfähig zur richtigen Partnerwahl. Sexuelle Neurose, Härte und Verwöhnung sind dann die Ursachen eines lebenslangen Fegfeuers durch falsche Partnerwahl. Sind jedoch die Eltern frei von patriarchalen wie matriarchalen "Gleichgewichtsstörungen", wächst beim Jungen kraftvolle eigenständige Männlichkeit – unabhängig von dauernd nötiger Bestätigung durch Leistung, durch Kameraden, nicht schwankend zwischen Weichheit und Gewalttätigkeit infolge unbewußten Kastrationsängsten. Beim Mädchen entsteht ebenso kraftvolle körperbewußte Weiblichkeit – ohne spätere frigide Verhärtung, ohne Rivalisieren mit dem Mann, ohne Bitterkeit über ihre Weiblichkeit. Hat doch die Pubertierende bisher nur durch Gleichaltrige dunkle Gerüchte von Geburt (ein Kopf soll hier durch?), Blutung, Schwangerschaft, Verbluten, Auskratzung, Abgang, Kaiserschnitt, Krebs, Bauchhöhlenschwangerschaft, etc. unzählige beängstigende Informationen zu verkraften, eine erdrückende Last und Gefahr und Verantwortung scheint ihr die Zukunft. Informationen, auf die der gleichaltrige Junge überhaupt nicht hinhört, sie sind ihm peinlich. Bei völliger Unfähigkeit des Mädchens damit fertig zu werden (negative Mutterbeziehung) flüchtet mancher Teenager in *Magersucht:* Durch radikales Fasten soll "Fülle" (= Gravidität) um jeden Preis verhütet werden, eventuell bis zum Tod durch diese Psychose. Wie verletzt wäre analog der männliche Genitalstolz durch monatliche mehrtägige Blutungen. –

Bei vielen nervösen Kindern konnte ich durch diesen Polaritäts- und Sexualkunde-Unterricht auffallende, die Eltern sehr beeindruckende Verhaltensänderung zum Positiven registrieren. Hat man diese universelle kosmische Mengenlehre verstanden, dann mögen plötzlich auch die Mathematiknoten besser werden, weil einem der eigene Körper nicht mehr als unlösbare Aufgabe erscheint, während mit dem üblichen Sexualkunde-Unterricht das eigentliche Weltgeheimnis *Polarität* nicht berührt wird.

Die Neurosen der Erwachsenen: Die Frauen-Neurosen

Im ersten Teil dieses Buches wurde die unvermeidliche Einverleibung der Mutter, der glücklichen wie der unglücklichen, als Kern des kindlichen Ich lebenslang wirksam, besprochen. In 22 Jahren Tätigkeit an einem Müttergenesungsheim kam ich an über 10.000 Frauen zur immer wiederholten, tief erschütternden Erkenntnis: Mindestens ein Drittel dieser Frauen war depressiv, bedingt durch nachweisbare Schädigung im ersten Lebensjahr einerseits, in Form einer depressiven Mutter, sei es vorübergehend z.B. durch Todesfall, sei es durch chronische depressive Neurose. Durch ungenügende, etablierte, deutsche Psychiatrie, die immer noch nicht wie die anglo-amerikanische die *analytischen kausalen* Tatbestände integriert hat, immer noch diese "verdrängt", wurden diese depressiven Mütter zu über 90 % als *endogen* depressiv abgestempelt – bei Erforschung des ersten Lebensjahres erwiesen sie sich einfühlbar, verständlich, also *exogen* verursacht. Außer massiver Eindeckung mit Psychopharmaka aller Art bis zum Verstummen aller Klagen (Psychiater: Depression ist jetzt medikamentös kompensiert) erfuhren nicht einmal 1 % der Mütter psychotherapeutische Behandlung irgendeiner Schule, geschweige denn eine längere Psychoanalyse. Eine Vorgeschichte der Kindheit ergab aber nicht nur bei den depressiven, sondern bei der Mehrzahl aller Mütter – dies ist mein weiterer Hauptbefund – wie "schwer" es schon *deren* Mütter, die Generation des 1. Weltkrieges, gehabt hatten. Zehn bis zwölf Geburten, lebenslang etwa sechzehn Stunden Arbeitszeit (unbezahlt! keine Hausfrauenrente! – damals wie heute!) waren die Regel. Zahlreiche Frauen waren Kriegerwitwen (beider Weltkriege), bei dürftigstem Unterhalt gezwungen, in Arbeit zu gehen – es ist unfaßbar und – männliches Leistungsvermögen weit übersteigend – was diese Frauen körperlich und seelisch Jahrzehnte hindurch leisteten. Und doch gibt es noch einen zusätzlichen Faktor, der dieses Leid potenzierte: Sie lernten es schon kennen. Es ist das Patriarchat mit seelischen und körperlichen Kränkungen aller Art, tägliche und nächtliche Grobheiten, Erpressungen, z.B. durch den im Vollrausch auf eheliche Rechte pochenden Ehemann. Ich kann versichern, daß ihre Leserphantasie nicht imstande ist, sich vorzustellen, was ich so viele Jahre anhörte. Besonders bedrohlich erscheint mir aber, daß dieses Elend der Mütter so vielen Kindern – beiderlei Geschlechts – mitgegeben wurde und zwischen den beiden Weltkriegen eine deutliche Vertiefung dieser *kulturellen* Depression erfolgte. Geringe Kinderzahl und Berufstätigkeit der jetzigen Generation scheint die Mütter keineswegs glücklicher zu machen – ein allgemeiner Substanzverlust in zwei Generationen scheint teils Folge, teils Ursache einer kulturellen Depression. Viele scheinen einfach unfähig geworden, ihren Säuglingen eine positive Mutterbeziehung mitzugeben. Ihren Kindern, überhaupt den Jugendlichen der sechziger, siebziger Jahre ist das Lachen gründlich vergangen. *Dies ist die eigentliche Wurzel der Drogensucht, des Alkoholismus, des Terrorismus.* Sie können bei allen diesen Jugendlichen die negative, ja die fehlende Mutter "finden". Die Abwesenheit der berufstätigen Mutter schädigte diese Schlüsselkinder mit Sicherheit katastrophal.

Die Neurosen der Männer

Sie sind m.E. viel weniger imponierend als *Leiden,* sondern als starre, uneingestandene *Charakterverkrüppelungen,* "Mann *bleibt* eben Mann" (nicht Mensch), der erbarmungslose Alltag in Fabrik und Büro in freudloser, gemütloser Umgebung, getrieben von einer

Wachstumsideologie, von Geld, Technik, Lärm, staatlich geförderter Droge Alkohol ist überwiegend die Form der männlichen Neurose, Neurose als "Eigenbau" des Patriarchats. Durch kollektive Schizophrenie wurde jahrhundertelang immer mehr die gemüthafte intuitive Kraft der Frau abgespalten. Im tiefsten Grund – das ist dem Patriarchen natürlich völlig unbewußt – ist aber diese leidvolle männliche Kollektivneurose bis zu nur scheinbar körperlichen Folgen (Herzinfarkt, Gefäßleiden) bis hin zum Gleichgewicht des Schreckens der Rüstung (der Männer gegen Männer! – Welche Frau fürchtet welche Frau? *Wer* führt Krieg?) – ist all das bedingt durch *Angst!* Angst und ihre Verleugnung, Verdrängung durch Panzerung, Cowboy-Moral (wer zuerst schießt hat recht) mit Aggression – vorsichtshalber – und Verfolgungswahn sind Folge: wenn Mütter depressiv und Töchter depressiv werden, werden Söhne agressiv, paranoisch. Kann man die einhellige Überzeugung der Politiker, "die" Russen, "die" Amerikaner planten ihre gegenseitige Auslöschung, denn anders als paranoischen Verfolgungswahn betrachten? Beim Neurotiker sieht ja der Laie nur das *auffällige Symptom* – der Psychologe fahndet nach den *fehlenden guten Erlebnissen, Antrieben*, durch deren Fehlen mutiert Kraft zu Aggression, entartet teilnehmende Sorge zu Existenzangst, die volle Sicht auf eine gute Welt mit Blumen, Tanz, Lied, Kultur aller Art *auch* bei den Russen, *auch* bei den Amerikanern, wird zu neurotischem Wahn: *dort*, nicht *hier* sei die Quelle allen Unheils.

Die kollektive Menschheitsneurose

C.G. Jung weist in seiner Analyse des kollektiven Unbewußten nach, daß Menschen als Masse *zurücksinken* auf *kindliche Stufen* des Verhaltens, in einer Regression auf Stufen, die der einzelne schon längst überwand. Ja, die Menschheit selbst habe noch nicht die Stufe des sechsten Lebensjahres erreicht. Sie ist beim Kind gekennzeichnet durch Realitätsprüfung, Realitätsbewußtsein und Entdeckung, womöglich Integration des Geschlechtsunterschiedes mit Erleben der ersten Liebe zum gegengeschlechtlichen Elternteil. Die Menschheit unserer Zeit verhält sich aber wie drei- bis vierjährige Kinder, die (in Abwesenheit der Eltern) mit Pistole und Messer aufeinander losgehen und am Ende die gute Stube durch Zündelei in Brand setzen. Ihnen fehlt sicher jegliche echte Beurteilung der Folgen, der Realität sowie echte Partnerschaft. Es fehlt hier sichtlich die kraftvolle Weltregierung (Vater) mit gleichgewichtiger Zahl der Frauen (Mutter) in der UNO und allen anderen Regierungen.

Heilung durch Reifung, das Kind wird Mensch

Nach Jean Gebsers Lehre könnte man diese kollektiven Stufen als analog zu den ersten sechs "privaten" Lebensjahren beschreiben.

1. die archaische Stufe (siehe Lit.: Fünf Millionen Jahre Menschheitsgeschichte, matriarchal) = Mutterleibserlebnis.
2. die magische Stufe, dem Säuglingserleben entsprechend – die Mutter (Natur) wird noch fast ungeschieden als Einheit mit und von dem Menschen erlebt – was ES will, geschieht, (1. Lebensjahr).
3. Die mythische Stufe: die Märchenwelt mit den Archetypen der Eltern in guten und bösen Aspekten, Eroberung der Motorik, der Umwelt = Heldenkriege, Krezzüge, (2. - 4. Lebensjahr).
4. die rationale Stufe: das Aufblitzen des Verstandes, das Fragealter der Kinder entspräche dem rationalen Naturerfassen seit Newton, Kopernikus und – Kant (s.o.!) (3. - 5. Lebensjahr).
5. die integrale, alle vorherigen Stufen vermählende Bewußtseinsstufe der Menschheit entspäche nach Jean Gebser *Freuds* beschreibung des fünften bis sechsten Lebensjahres mit Realitätsbewußtsein und –Polarität, d.h. durch erstmals auch für die Massen, nicht nur für "Eingeweihte", sondern für die Sozietät Mensch, das nun mögliche Erleben gleichgewichtiger, polarer (nicht nur in Viertelstündchensexualität) verbundener Geschlechter, kein Strindberg'scher Kampf der Geschlechter, nicht aneinandergekettet wie in Dantes Hölle, gekerkert wie in Satres "Geschlossener Gesellschaft", sondern sich *ergänzend* in langdauernden Verbindungen. Das könnte nun möglich werden: in Zusammen-lieben, in Zusammen-arbeiten, Zusammen-genießen, Zusammen-spielen, Zusammen-planen, Zusammen-regieren, (50% Frauen in jedem Parlament, jedem Stadtrat!) – das wäre ein Ausblick auf die Welt der integralen Bewußtseinsstufe. Sie

wäre gekennzeichnet durch die Erfahrung der Realität ohne archaische (1) matriachale Abhängigkeit des Mannes, ohne immer wieder enttäuschte Versuche, die Natur magisch (2) in Zauberriten zu beherrrschen (Dogmen!), ohne mythische (3) Emanzipation der herrschenden Männer vom Volk, der Heroen, dem goldenen Vlies nachträumend, der Gralsburg nachjagend, ohne patriarchale, nur auf eine emanzipierte Vernunft (4) begründete Beherrschung der Natur, erhaben über weibliche Ergänzung (Dualismus aller Art). Durch realitätsbewußte Respektierung der Frau (1), der Natur (2), der Gesellschaft (3), der Erkenntnis (4) der gesamten Natur (nicht nur isolierter chemischer, physikalischer, etc. Bruchstücke) und Integration (5), Anwendung des Polaritätsprinzips für Mensch *und* Natur *und* Gesellschaft *und* Person *und* PAAR-Werdung.

Zur Therapie für den Einzelnen

In unseren Vergleichen von Babyexistenz und Matriarchat, Kastrationskomplex und Männerherrschaft durch Angst vor der Herrscherin Frau, nach Einsicht in den Blödsinn, die Wahnidee des Kastrationskomplexes, ist der vergleichbare Herrschaftsanspruch der Männer aufgrund des falschen Anspruchs, Schöpfer, Erzeuger zu sein durch die Verwechslung von Same und Samen sicher als ebenso zäh und widerspenstig verankert einzuschätzen. Der revolutionäre Entdecker des Kastrationskomplexes beim Individuum, Sigmund Freud, lieferte auch gleich eine darauf gegründete Therapie – er bescherte der Menschheit die Psychoanalyse; selbst Patriarch, leidet sein geistiges Kind an vielen patriarchalen Schönheitsfehlern. Seine orthodoxen, dogmatischen Nachfolger zelebrieren Freuds Dogmen weiter, allerdings ohne Freuds eigene Lebendigkeit zu besitzen. Er schockierte noch im Alter mit seiner Todestrieblehre seine ergebendsten Jünger. Viele Tiefenpsychologen haben auf vielerlei Art den von Columbus Freud entdeckten Kontinent, das Unbewußte, weiter erforscht. Eine Freud völlig von patriarchalen Zügen befreiende Tiefenpsychologie, ohne seine großen Entdeckungen der Verdrängung, des Kastrationskomplexes, der Übertragung, der Symboldeutung der Träume und der Analyse und Öffnung der Rumpel- und Schreckenskammer des Unterbewußten und seine geniale Methode aufzugeben, ist vielerorts lebendig. Unsere Analogie von Einzel- und Kulturanalyse kann sich auf die Entdeckung C.G. Jungs, des kollektiven Unbewußten berufen, vielleicht die weitestgehende Entwicklung der Freud'schen Analyse. Eine überaus wertvolle Anleitung zur Selbstanalyse gibt F. Künkel in "Die Arbeit am Charakter" (Lit.).

Psychoanalyse der Müttergruppe

Im Gegensatz zu analytischen Fachdogmatikern mit der Forderung einer Langstreckenanalyse von hunderten Stunden mit dadurch bedingten Übertragungsschwierigkeiten gelang es mir bei "meinen" Müttern (vier Wochen Kur) eine Kurz-Psychotherapie zu entwickeln, durch die ich echte analytische Erfolge, ja häufig Heilung erzielte. In Vorträgen vor der ganzen Gruppe versuchte ich die Frauen zur Erkenntnis ihrer jetzigen depressiven Situation zu führen, bedingt durch generationenlange Unterdrückung, wie durch eigene patriarchale Kindheit. Oft leugnen sie: "Uns geht's ja prima"! (Dann frage ich nach ihrem Hausfrauenstundenlohn–). Heiterkeit entsteht beim Vergleich der weiblichen Erfindungen: Höhle, Topf, Kochen, Saat, Ernte, Spinnen, Nähen, Tanz, Religion, Gesang, ja Lächeln und Muttersprache als mögliche Wurzel der Menschwerdung, mit den männlichen Erfindungen: Schwert und Maschinenpistole, WC, Bürokratie mit sterilen Gesetzen, Elektronik, Computer, Moped, Chemie aller Art und irrsinnige Atombewaffnung. Die motorisch-muskuläre Unterlegenheit des sechs- bis zehnjährigen Mädchens wird zugegeben, ebenso die total fehlende Aufklärung über Periode, geschweige Sexualität, die Schwere des weiblichen Schicksals, gegeben durch Biologie und soziale Diffamierung. Dann bringe ich, getarnt als Erleichterung des Sexualkundeunterrichts, meine Polaritäts-Mengenlehre mit Schema (s.S.80), lasse es umdrehen. Bis dahin kein Wort von Kastrationskomplex, dessen Bedeutung sie entrüstet ablehnen würden. Dafür bringe ich typische Träume, z.B. einer Frau, die als einziges Mädchen unter großen und kleinen Brüdern aufwuchs. Viele jahrelange Behandlungen wegen "Rheuma" (Rheumafaktor jedoch negativ), mehrere stationäre Kuren ohne Erfolg.

Traum: Die Patientin trifft mich, den Arzt. Ich nehme ihr Finger, Unterarme, Oberarme, Zehen, Unter- und Oberschenkel ab, sogar die Haare (wie eine Perücke), studiere eine Weile das "Stückwerk", füge dann alles sehr sorgfältig zusammen, glätte es mit – Spucke. Plötzlich ein Schlag wie von 1000 Volt – sie erwachte, sprang aus dem Bett und spürte ihre Beweglichkeit aller Gelenke mit einem wohligen, stömend einheitlichen, neuen Körpergefühl: *ein* Leib! Deutung: Durch das Detail Perücke kam es zu folgendem Einfall: Noch am Heiligen Abend zerlegten die Brüder ihre schöne neue Puppe einschließlich Perücke – sie fand ihre Puppe als Stückwerk wieder. Dabei zerbrach sichtlich (Tränen) ihr Mädchen- Mutterherz und gleichzeitig ihr einheitliches Körpergefühl in Stücke. Im weiteren Verlauf verschwanden ihre "rheumatischen" Beschwerden völlig.

Ähnliche Träume handeln vom plötzlichen dramatischen Verschwinden des Sohnes, den die Träumerin eben noch an der Hand führte. Oder der Sohn wird vor ihren Augen der Länge nach überfahren, auseinandergequetscht, in der Mitte eine tiefe Furche, das Köpfchen auffallend klein. Völlig unerklärlich war der Träumerin, daß sie gleichgültig weiterging! Deutung: Mit sechs Jahren glaubte sie beim Anblick ihre Bruders, sie habe ihr eigenes "Büble" (bayrisch für Glied) verloren. Ich lasse die Patientin die schrecklichen Überreste ihres Sohnes zeichnen – es ist sichtlich eine Skizze des äußeren weiblichen Genitale. Deutung: "Ihr Genitale empfinden Sie als Ihnen gleichgültiges Überbleibsel nach der Erkenntnis, kein Junge zu sein."

Ein ähnliches Bild zeichnete eine Frau, die fünf Jahre nach dem Unfalltod ihres Sohnes noch Trauer trägt, mehrmals wegen Depression in stationärer Behandlung war. Sie träumte immer wieder vom Grab ihres Sohnes, aus dem Sarg hängen beidseits breite Fleischlappen. Nach der Deutung, sie habe ihren Sohn als Stück ihres Körpers empfunden, heftiger Tränenausbruch. Nun erst konnte sie wirklich um die *Person* des Sohnes trauern. Viele Einfälle aus dem sechsten Lebensjahr – sie verlor damals ein neugeborenes Brüderchen – tauchen auf. Nach kurzer Trauerphase erschien sie, kaum mehr zu erkennen, neue Frisur, neues Kleid, neue Kontaktfähigkeit in Blick und Ausdruck.

Nach diesen besonders intensiven Kastrationsträumen folgten häufig ebenso typische, in denen ein neues Verständnis der eigenen Weiblichkeit dämmert – und erstmals Orgasmusfähigkeit.

Eine 50-jährige Frau, sehr harte Ehe, Schwester von zwei Brüdern träumte nach einigen aufklärenden Gesprächen: Sie geht einen kleinen bewaldeten Hügel hinab, es folgt eine tiefe Schlucht, links und rechts hohe glatte Felswände, eine Quelle strudelt im Strahl aus einem Spalt. Die Träumerin ist nackt und friert. Nun steht sie vor dem Eingang einer dunklen Höhle, nach kurzem Zögern wagt sie sich hinein. In der Tiefe, am Schluß der Höhle, sitzt eine uralte Frau mit verhülltem Gesicht, die sie an ihre Großmutter erinnert – ihren einzigen Trost bei sehr kühlem Elternpaar, sie legt den Kopf in ihren Schoß, die Frau legt ihren weiten Mantel um sie. Sie schläft (im Traum) mit dem Gefühl tiefster Geborgenheit und Liebe ein. Deutung: Die Details des Traumes bedeuten das weiblich-mütterliche Genitale, das sie erfoschend erlebt, die alte Frau ist gleichzeitig Großmutter, Urmutter, Gebärmutter. Die Träumerin integriert sich in ihre Weiblichkeit, die sie mit allen Frauen verbindet.

In der Folge verlor die Patientin eine langjährige extreme Schlafstörung, der Ehemann zog mich beim nächsten Besuch beiseite und sagte: Ich erlebe jetzt meine Flitterwochen.

Ein weiterer Symboltraum einer Träumerin mit Frigidität und auffallender Pedanterie und Reinlichkeitsfimmel:

Sie ist wieder zuhause im Sudetenland im elterlichen Hof, eine Heimat, die sie als Kind schmerzlich verlor. Der große Bauernhof ist im Geviert gebaut, in der Mitte befindet sich ein Hügel mit einer Grotte, ähnlich der von Lourdes, mit einer verwitterten und fast unkenntlichen, altersehrwürdigen, nackten Frauenstatue, der sie sich in Ehrfurcht nähert. Sie weiß, daß diese Figur das Zentrum und Heiligtum des Hofes ist.

Arzt: Hören Sie mal, an dieser Stelle des Hofes war doch sicher der Misthaufen?

Patientin: Natürlich.

Arzt: Nun, vielleicht korrigiert der Traum Ihre durch strenge Reinlichkeits-Erziehung im zweiten Lebensjahr erworbene Meinung: Diese Mitte des Körpers ist schmutzig, ist "pfui", ist verpöhnt. Sie wußten ja damals nicht, daß hier auch die Mitte und der Ursprung allen Lebens ist, Ihre Weiblichkeit.

Weitere Träume bringen oft polare Symbole:

Eine Träumerin findet im Schlamm eines Baches, der sie an ein Kindheitserlebnis, wo sie zusammen mit Buben nackt badete, erinnert, dicht beisammen einen massiven goldenen Ring und einen schweren goldenen Zahn. Die Fundstücke passen exakt ineinander.

Oder: Ein Schlüssel, an dem aber der Bart fehlt, und der in einer Verdickung ausläuft.

Deutung: In ihm ist wie im indischen Lingam eine Verbindung von Glied und Scheide gegeben.

Regelmäßig (in etwa 2000 Kurz-Analysen) kam es zu einer erstaunlichen Wesensänderung dieser Frauen, sie verließen das Haus mit einem überdurchschnittlichen Kurerfolg, bei Wiederholung der Kur nach Jahren waren sie kaum wiederzuerkennen, sichtlich frei von Depression, hysterischen Mißempfindungen ihres Körpers und Frigidität. Den Ehemännern scheint die wiedergewonnene weibliche *Kraft* weit mehr zu behagen als die jahrelange Schwäche und Unterordnung. Viele Ehen wurden stabilisiert, manche Frauen fanden aber auch den Mut zur Beendigung ihres Fegfeuers durch Trennung oder Scheidung.

Polaritäts-Training

Eine sehr wirksame Hilfe bei Partnerschwierigkeiten und eine Methode, das gefährdete Gleichgewicht wieder herzustellen, vermittelte die Einsicht: Unsere scheinbare Ich-Einheit bestehe in Wirklichkeit in drei Etagen:

Eltern–Ich (Über-Ich) – die hohen Ahnen der Kahuna-Magie, Namens- und Schutzpatrone.

Erwachsenen–Ich – unser Normalzustand.

Kinder–Ich mit vielen unterbewußten, verdrängten Komplexen, "Haltungen" (Schultz-Hencke), Leitlinien (F. Künkel), besonders auch der Sexualität.

Die Erfahrung des Kinder–Ichs könnte sein: Wenn ich verzweifelt, enttäuscht, verletzt zu meiner Mutter, meinem Vater flüchtete, fand ich volle Tröstung, auch wenn ich Mutter, Vater meine Wut, Angst, blinde Aggression (wie wenn sie schuld wären) in unbeherrschter Form mitteilte. Dreißig Jahre später findet der Erwachsene leider kein überlegenes Eltern–Ich, der Partner fühlt sich angegriffen, nicht angerufen. Er merkt nicht, daß er einen dreijährigen Partner sozusagen vor sich hat und reagiert mit seinem eigenen infantilen Ich, statt mit dem hilfreichen Eltern–Ich. *

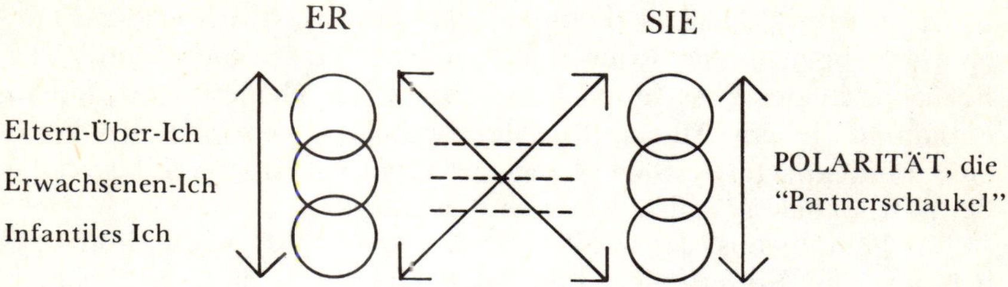

Glückt es dem "angerufenen" Partner, den Tiefpunkt des anderen durch sein Eltern-Ich auszugleichen, könnte schon am anderen Tag die Schaukel umgekehrt funktionieren. Ein zorniger kleiner Junge fand ein Mutter-Ich, ein verzweifeltes Mädchen nun einen guten Vater. Vielleicht fließt schon bald nach diesem Ausgleich eine orgasmische Energie zwischen zwei Erwachsenen-Ichs. Die Kenntnis dieser Störung, ihres Ausgleichs, ihrer Vermählung entspricht unserer neuen Kenntnis der "elektromagnetischen" Polarität.

Therapie der Gesellschaft der Männer

Oft erwies es sich aber als äußerst schwierig, auch den Ehemännern ihre weitgehend unbewußten, patriarchalen, in tausend altgewohnten Mono-Polen fixierten Fehlhaltungen bewußt zu machen und in vielen Gesprächen von Frau und Mann mutig und konsequent aufzulösen. Den Männern ist nur die Spitze des patriarchalen Eisbergs bewußt, den Frauen aber auch die große untere Hälfte – sie ist die Ursache ihrer Frigidität!
Freilich gibt es auch "Eisberge" matriarchaler Herrschaft– Frauen, die unverheiratet, erwachsene Söhne an sich ketten, als Schwieger-

* Frei nach Eric Berne's Transaktionsanalyse.

mütter grimmige Herrschaft ausüben, dem Psychoanalytiker wohlbekannte "Rache"-Typen, oft mit verführerischem Charme maskiert (Vamp!). Sie rächen sich an jedem Mann dafür, daß sie kein Mann sind, sind unfähig, sich selbst gute Partnerschaft zu gönnen. Auch der so dringend nötigen Frauenbewegung sind allzu scharfe, ja anti-weibliche Wortführerinnen nicht zum Vorteil. Sind wir nicht überreif für die Erkenntnis, daß eine Restitution der Frau, eine gleichgewichtige Rolle der Frau in allen sozialen, familiären Bezügen, in der Forschung, Frauen in jedem Gemeinderat, jedem Parlament, jedem Ausschuß, jeder Legislative repräsentiert durch eine Frauenpartei, vielleicht die fast unausweichbare Katastrophe der patriarchalen Zivilisation verhüten sollte?

Ein Feminismus, der das Ziel: *Polarität* verfehlt, wiederholt freilich nur die Einseitigkeit des Patriarchats! Zu diesem Gleichgewicht ist jedoch die Auflösung der beschriebenen unbewußten, z.T. persönlichen, z.T. kollektiven neurotischen Haltungen Voraussetzung. C. G. Jung beschreibt diese Reifung und Bewußtwerdung der unbewußten Persönlichkeitsanteile in der Anima des Mannes, dem Animus der Frau als einen alchymischen Prozess der Ganzwerdung des Einzelnen sowohl wie des Paares.

Meditation als Therapie

Doch der Weg der Psychotherapie ist nicht der einzige: Daß nicht nur das *neurotische* Ich, sondern das *Ego* schlechthin die Quelle des Leids ist, lehrte Buddha. In einem himmelweit über Freud hinausgehenden Weg der Analyse, der Meditation lehrt er Die Grundsituation des Leidens, seiner Entstehung, seine Heilung und den zur Heilung führenden Weg.* Wo Freud lehrte: Wo *ES* war, soll Ich werden, lehrt Buddha auch noch die völlige Auflösung dieses Ego als eine Halluzination. Sein Weg heißt: *Meditation.* Die Methode der *ZEN-Meditation* ist ebenso einfach wie neutral, so daß sie von Jesuiten wie P. Lasalle unverfälscht in katholische Klöster eingeführt wurde und buddhistische Mönche in Frankreich gemeinsam mit christlichen Mönchen meditieren. Im Kloster Diet-

---

* Eine besonders instruktive Neuerscheinung: "Psychische Energie durch inneres Gleichgewicht", von Tarthang Tulku (Aurum Verlag).

furt/Opf. sind regelmäßig Exerzitien kombiniert mit einem exakten Sesshin. Buddhistische Meditation wird in vielen Städten gelehrt (ZEN-DO). Wer in einem solchen Sesshin (3-4 Tage) 6 - 7 Stunden lang und anschließend jahrelang, täglich, zuhause zweimal eine halbe Stunde täglich in exakter aufrechter Haltung meditiert ("gehockt") hat, findet sicher ein tiefes Erlebnis der Polarität:

Ich verankere mich in diesem aufrechten unbewegten Sitzen, in der Kommunikation diese polaren Innen —o— Außen durch den *Atem* (Ein —o— Aus), an und mit diesem Ort des Kosmos, der nur mir allein anvertraut ist. "In diesem sechs Fuß hohen Körper ist euch das ganze Weltall gegeben", sagte Buddha. Die mittlere Größe (Mensch) zwischen Galaxis und Elementarquanten, aber auch Länge der DNS jeder Zelle (!) ist etwa 1,8 m. In diesem Links —o— Rechts, Vorne —o— Hinten, Oben —o— Unten wird der Körper als eine Art Mandala erlebt, als polar strukturiert. Die tantrische Meditation erstrebt, wie schon beschrieben, hierdurch die Verwandlung leidvoller Dualität in beseligende Polarität, eben diesen paradiesischen Primärzustand, den auf vielen Wegen Mystiker zu erreichen suchten. Gemeinsame Meditation von Mann und Frau bietet sicher besonders intensive und fruchtbare Möglichkeiten und Fortschritte auf diesem Wege.

"Ökumenische"Polarität

Herbert V. Guenther beschreibt, wie in der Sicht des Tantrameditierenden der ganze biologische Hintergrund des Lebens in eine Göttin verwandelt wird, mit der er (sie) in Wonne verbunden ist. " *Sie* wird zum Wohlgeruch des Geistes, von sich selbst bisher getrennt durch den Konflikt von Begriffen. *Sie* ist dann eine Erziehung im Lieben und ein Abenteuer in der Erfüllung, eine Suche nach höherer Eingliederung."

"Höchste Herrscherin der Welt,
Lasse mich im blauen,
Ausgespannten Himmelszelt
Dein Geheimniss schauen.
Billige, was des Mannes Brust
Ernst und zart beweget
Und mit heiliger Liebeslust
Dir entgegenträget!"

Dieses Gedicht aus Goethes Faust bringt das Bewußtsein des Buddhisten von Inanamudra (Tantra) nichtsahnend zum Ausdruck. Der Mann vermag mit Hilfe der Göttin mehr von sich selbst und von seinem Wesen zu erkennen und auch seinem Sein näherzukommen, wenn er durch Liebe das Wirkliche und Einzigartige findet. So entlegen in Zeit und Ort diese Entwürfe sein mögen – hier wird sichtlich jeder patriarchale Anspruch aufgegeben, hier spricht ES, hier geschieht ES.

Jean Gebser versprach sich von dieser Bewußtseinserweiterung vieler, unzähliger Menschenpaare auch die Veränderung des kollektiven Bewußtseins der Menschheit, von dem paranoisch-sadistisch-schizoiden Verhalten der Völker zur realitätsbewußten Phase, gekennzeichnet durch eine polare Ethik. Sie entspräche dem 6. Lebensjahr des Kindes, das gelernt hat, sowohl die inneren wie äußeren Gegebenheiten, die materiellen Gesetze (z.B. Verhalten im Verkehr, Einsicht in nützliche und schädliche Abläufe materieller Art), also die Naturgesetze, ebenso aber auch die einfachsten sittlichen Gesetze (Was du nicht willst, daß man dir tu . . .) zu respektieren.

Dies wäre nach seiner Meinung die konkrete Möglichkeit zur Lösung der brennenden Menschheitsprobleme, im Gegensatz zu allen *monopolistischen* Rezepten: des patriarchalen Marxismus der "sozialistischen" Staaten, die nur scheinbar die Gleichberechtigung der Geschlechter bejahen (der Frau wird neben der "Gleichberechtigung" als Arbeiterin und Soldatin die bisherige, auch weiterhin unbezahlte hausfrauliche und mütterliche Arbeitsleistung aufgebürdet), der patriarchalen christlichen wie mohammendanischen Kirchen, des patriarchalen bürokratischen Establishments, der patriarchalen Militärregimes, der patriarchalen Rüstungsgremien mit dem Zerrbild eines Gleichgewichts der Abschreckung, jeglicher Sittlichkeit längst entfremdet durch beiderseitigen, ausgeprägten Verfolgungswahn der Riesenmächte.* Die Menschheit als Ganzes, vergleichbar also einem fünfjährigen Kind, das sich der Stufe des vernünftigen Ich nähert – ?! Wird Menschen *töten* eines Tages ebenso selbstverständlich Tabu wie Menschen *fressen?* Auch hier gibt Kant ein bis ins Einzelne gehendes Programm in seiner Schrift "Zum ewigen Frieden". Dasselbe sicher meint Teilhard de Chardins "Punkt Omega", Joachim de Fiores "Zeitalter des Heiligen Geistes" (nach dem des Vaters, des Sohnes), des Buddha

---

* Siehe *Spiegel* Nr. 27/1980, "Die neurotischen Riesen", v. Peter Bender.

Wiederkunft als Buddha-Maytreja – dies alles kategoriale Entwürfe einer zukünftigen Wirklichkeit. Mag diese Entwicklung auch noch Jahrhunderte beanspruchen – das Tempo aller Prozesse unserer Welt erscheint so exponential beschleunigt, daß wir hoffen dürfen: “Wo die Not wächst, wächst das Rettende auch!” (Goethe)

Friede auf Erden – HIMMEL auf ERDEN

Glückt es durch Integration der abgespaltenen “Sexualität” in eine universelle Polarität die bisher weit überwiegenden Neurosen zu vermeiden, glückt es unzähligen Paaren, den Keimzellen der Menschheit, ein glückliches, nicht mehr kollektiv-depressives Lebensgefühl zu erringen, ihren Kindern zu vermitteln (religiös formuliert: voll Glaube, Hoffnung, Liebe), dann wäre die Menschheit gefreit gegen monopolistische, eben dogmatisch-doktrinäre “Führer”, dann wird durch dieses integrale Bewußtsein der Ausblick frei auf den Weltfrieden Kants durch eine wirkliche, machtvolle, einheitliche Weltregierung (vor 200 Jahren von ihm prophezeit, als noch niemand von einer UNO träumte). Der Philosoph K. Becsi* prophezeit weitere, viele tausende von Jahren erwachsener Menschheitsstufen – wenn die Krisis unserer Zeit ohne “Totalschaden” überstanden wird – auch der planetaren *solare*, ja *galaktische* Bewußtseinsmöglichkeiten in seiner “Galaktischen Philisophie”.
Dies wäre wahrhaftig nach dem *verlorenen* ein Ausblick auf ein *irdisches, wiedergefundenes, mögliches PARADIES.*

In der Sprache des ganz das Diesseits bejahenden I–GING:

Der *Himmel* (=Mann) ☰ auf *Erden* (=Frau) ☷

bedeutet im Zeichen Nr. 11 des I-GING:

die gleichgewichtige Ehe ䷊ *der Friede*

---

* Siehe auch: Literaturverzeichnis

Das weibliche (Erde) Prinzip wird *erhöht,* das männliche (Himmel) ordnet sich freiwillig ihm *unter*, das herabsinkende irdisch-weibliche Prinzip und das aufsteigende himmlisch-männliche Prinzip durchdringen und befruchten einander. Kein "oben", kein "unten".

MÖGE ES GELINGEN!

ANHANG

Versuch einer polaren Ethik

Kurz zusammengefaßt ist der Sinn dieser Ausführungen folgender. Jede Ethik, insbesondere die antike und chinisische, welche die Tugenden des Bürgers im Gemeinwesen, und die jüdischchristliche, welche die Nächstenliebe als Ideal aufstellt, hat dasselbe Ziel: im Ich seinen Gegenpol, das Du oder Nicht-Ich bewußt zu machen und zur Anerkennung zu bringen. Dem tiefer Schauenden erscheint daher die Ethik als nichts anderes als eine besondere menschliche Anwendung des allgemeinen Weltgesetzes, der Polarität auf das Verhältnis zwischen Ich und Du. Wer sich nun dieses polare Weltgesetz ganz und gar zu Bewußtsein gebracht hätte, unbeirrbar in ihm lebte, vor allem aber dabei der Einheit der polaren Weltentzweiung im eigenen Selbst stets eingedenk wäre, sich also nicht in pantheistischer Mystik an sie verlöre, dessen Denken, Fühlen, Tun und Schaffen schwänge ganz von selbst in unerschütterlicher polarer Harmonie. Er stünde jenseits aller äußeren Gesetze und Moralen, dieser Notbehelf für Nicht- und Halberkennende, er wäre wirklich jenseits von Gut und Böse im Gegensatz zu Nietzsches Ideal einer blonden Bestie, eines Cesare Borgia, der durchaus nicht jenseits der Pole lebt, sondern ganz und gar in einem Pol befangen ist, nämlich dem Bösen. (Autor: So die "Roten Brigaden" und alle, die andere mit Gewalt regieren). Wer sich mit dem polaren Weltgesetz eins weiß, der kann nichts anderes, als dieses Gesetz auch wollen. Für ihn gibt es in der Tat kein Sollen und Müssen mehr. Gewisse philosophische Richtungen, darunter auch christliche, haben Ähnliches gefunden, nur halten sie daran fest, daß der Mensch, um das Gesetz wirklich zu wollen, sich ihm erst, wenn auch freiwillig, unterwerfen müsse, als sei es etwas außer ihm. In Wahrheit aber hat er nur sein eigenes Gesetz zu erkennen, das nichts anderes sein kann, als eine persönliche Anwendung des kosmischen Polaritätsgesetzes. Wer dies nicht vermag, dem muß freilich das Gesetz von außen auferlegt werden, und die, welche das Christentum "abzubauen" wünschen, sollten nicht vergessen, daß die Religion, indem sie das Gemüt überzeugt, bei weitem die mildere Form ist, in der einem Menschen die Polarität Ich und Du bewußt gemacht werden kann, verglichen mit der Gewalt des staatlichen Zwanges. Intellektuelle Überredung durch Moralunterricht hingegen bleibt wirkungslos, wenn nicht das Gemüt entgegenkommt. Dem Erkennenden aber wäre sein Ich nichts als die derzeitige Form seines Selbst, dessen polare Gegensätze, seien sie noch so groß, unbedingt auch menschlich zu glücklicher Harmonie zu bringen sind, sobald man sich mit diesem Menschlichen nicht mehr identifiziert, sondern seine Ordnung von der göttlichen Mitte aus selbst ebenso leise wie entschieden in die Hand nimmt.*

Ein Epilog über die "Ersten Dinge"

Adams Rückkehr zur Schlange

Nachdem Adam das Ende seiner Irrtümer und Leiden erreicht hatte, fand er nach der Stelle zurück, wo einst der Garten Eden geblüht. Eine unkrautüberwucherte Wildnis bot sich seinem Blick, aber in der Mitte erhoben sich wie vor Zeiten der Baum der Erkenntnis und der Baum des Lebens. Adam aber wandte sich zu dem abendlich dämmernden Baum der Erkenntnis. In seinen Zweigen raschelte es wie vor Jahrtausenden, die klugen Augen der Schlange blitzten hervor. "Ei Adam", rief sie aus, "hast Du endlich den Weg zu mir zurückgefunden? Lange fürwahr hast Du Dir Zeit genommen. Welche Werke hast Du doch inzwischen ausgeführt! Die ganze Natur hast Du Dir dienstbar gemacht! Bis zu ihren letzten Gründen wolltest Du Wissensdurstiger vordringen, nichts mehr glauben, was Du nicht selber gesehen, selber betastet; und doch ist alles Umsonst gewesen, solange Dir nicht einfiel, woran Du zuerst hättest denken müssen, daß all Dein stolzes Leben auf einem Hörensagen von Deinem Weibe beruht. Eva fühlte sofort, wo sie sich Rats holen sollte, aber ihr Geist ist leichtfertig und begnügt sich mit der Oberfläche der Dinge

---

*"Brevier für Einsame", von O.A. Schmitz, Georg Muller Verlag, 1923

und dem Ungefähr des Sinnes. Immerhin hat sie mit mir gesprochen und Du nicht. Dadurch blieb sie Dir durch die Jahrhunderte ein Geheimnis, bald ein himmlisches, bald ein höllisches. So stolz Du warst in Deinem Tun und Denken, so sehr Du sie oft knechtetest oder verachtetest, weil sie Dir in Tat und Gedanke nicht gewachsen war, unweigerlich kehrtest Du zu ihr zurück, fielst vor ihr nieder und verlangtest von ihr Trost in Deinem Leid. Und Eva lächelte, lächelte, lächelte ihr Geheimnis durch die Jahrhunderte und verriet Dir nichts. Sie wußte mehr als Du, denn sie hat mit der Schlange geredet, ehe sie vom Apfel aß, aber sie konnte nicht sagen, was sie wußte. Du hingegen kannst alles sagen, was Du Dir an massenhaftem und doch geringfügigem Wissen mühsam erworben hast, und Eva lächelt darüber, denn das, was es zu wissen gilt, das gerade weißt Du nicht, und hättest doch von mir alles erfahren können, wenn Du damals wie sie unter den Baum getreten wärest."

"Und was hättest Du mir gesagt?" rief Adam in höchster Erregung aus. "Oder ist es etwa zu spät, wenn ich Dich jetzt danach frage?"

"Es ist niemals zu spät, törichter Adam," sagte die Schlange." Es stand Dir frei, jeden Augenblick zu mir zurückzukehren. Nun hast Du es endlich getan nach Jahrtausenden, aber was bedeuten Jahrtausende in der Ewigkeit?"

"Wie hätte ich denn den Weg zu Dir finden sollen? Sperrte uns nicht der Cherub mit dem Schwert die Rückkehr? Erst als es mir gelang, den milden traurigen Mann, der sich meiner erbarmt hat, als Begleiter zu gewinnen, mußte mir der Engel ausweichen." "Wohlgesprochen, Adam. Hättest Du aber damals, als Dich der Engel vertrieb den Blick einen Augenblick umgewendet, so wärest Du unter dem Baum des Lebens einen anderen Engel gewahr geworden, den schönsten von allen, der Luzifer oder der herabgefallener Morgenstern heißt, weil er, ebenso wie jener traurige Mann, auf die Erde gekommen ist, aber nicht aus Liebe zu den Menschen, sondern aus Trotz gegen Gott. Weil Du ihn nicht erkanntest, vermochte Dich jener andere nicht zu erlösen. Wohl lehrte jener Dich das Gute lieben und auch bisweilen tun, aber blind fielst Du immer wieder in das Böse zurück. Wie, wenn Du nun in diesem den Lehrer fändest, der Dir auch über das Böse die Augen öffnet? Nur weil Du blind bist, mußt Du dem Bösen immer wieder knechtisch verfallen. Wenn Dir aber die Augen aufgehen, wer weiß, vielleicht muß er Dir dienen. Das ist das Geheimnis, welches in dem Lächeln der Eva liegt, das sie aber selbst niemals auszusprechen vermag. Nun aber tue, was Du damals versäumtest, Adam: kehre Dich um."

Und Adam tat, wie ihm die Schlange geheißen. Unter dem Baum des Lebens aber, aus dessen grünem Gelock rote und goldene Früchte leuchten, stand ein nackter Engel von vollendeter Schönheit, aber mit so grausamen Lächeln und so kalt blitzenden Augen, daß Adam sich erschreckt wieder umwenden mußte.

"Was entsetzest Du Dich, Du Furchtsamer?" spottete die Schlange. "Sollte Dir der Engel so unbekannt sein?"

"Er ist der leibhaftige Böse", stammelte Adam, "ihm vermag ich nie und nimmer zu folgen."

"Und bist ihm doch immer wieder durch die Jahrhunderte nachgegangen, wenn jener milde Mann Deine Leidenschaft nicht länger zu bändigen vermochte. Immer wieder verblendeten sie Dich, führten Dich ins Verderben, immer wieder erbarmte sich von neuem jener Milde, denn seine Liebe ist unerschöpflich, aber es hielt Dich bei ihm immer nur gerade solange, bis Deine Wunden zur Not geheilt waren, und wiederum stürztest Du, durch keine Narbe gewarnt, in das Welttreiben zurück, in das Dich jener lockte. Wäre es nicht an der Zeit, ihm endlich mutig in sein grausam-schönes Antlitz zu blicken, ihm, wenn Du willst, zu folgen und ebenso frei zu dem Milden umzukehren, wie Dein Herz Dich treibt."

"Ich kann nicht, ich kann nicht!" rief Adam, sich windend vor Angst. "Das Feuer seiner Augen ist eiskalt, es macht mein Blut gerinnen."

"Und doch mußt Du es nun wagen, furchtlos hineinzublikken, Adam. Hast Du ihn erst erkennt, dann bist Du gerettet, er muß dir dienen."

"Wie", rief Adam aus, "dieser Fürchterliche mir dienen, mir, dem aus Erde Erschaffenen? Ist er denn nicht vom Himmel herabgestürzt und nun der Fürst der Hölle?"

"Dient Dir nicht auch der andere, der für Dich gestorben ist? Die schwere Hälfte Deiner Erdenaufgabe ist Dir ja schon gelungen, Adam. Du hast Gott in Jahrtausende langem Leid seine Liebe abgenötigt, sollte es nicht viel leichter sein, den, welchen Du den Teufel nennst, in einem Augenblick in

Deinen Dienst zu zwingen? Kehre Dich nochmals um und wage einen zweiten Blick."

Und wieder drehte sich Adam zum Baum des Lebens um, und vor dem, was er sah, wurde ihm zumute, als seien die Jahrtausende in die Ewigkeit zurückgenommen worden. Wiederum erblickte er Eva, sein Weib, nackt, wie sie einst unter dem Baum der Erkenntnis gestanden war. Nun aber stand sie unter dem Baum des Lebens und fand ihn lieblich und gut anzusehen und gut davon zu essen und meinte, daß es ein lustiger Baum wäre, weil er schön und stark machte. Sie vermochte aber nicht bis an seine Krone zu reichen. Da pflückte der schöne Engel eine goldene Frucht und reichte sie ihr mit grausamem Lächeln. Sie nahm von der Frucht und aß und reichte Adam auch davon, und er aß. Da wurden ihre Glieder leicht und die Runzeln glätteten sich auf ihren Stirnen. Ihnen war wieder jung und heiter zumute wie einst, da sie eben aus der Hand Gottes hervorgegangen waren, nur wußten sie nun um ihre Seligkeit. Der Garten Eden aber blühte neu um sie auf, so schön wie einst gewesen. Und sie hörten die Stimme Gottes, der im Garten ging, als der Tag kühl geworden war, aber sie fürchteten sich nicht und Adam rief:

"Herr, wo bist Du? Warum hast Du uns das getan? Warum verbotest Du uns den Baum der Erkenntnis des Guten und Bösen? Warum wolltest Du nicht, daß wir vom Baum des Lebens essen und leben ewiglich? Warum setztest Du den Cherub mit dem flammenden Schwert vor den Garten Eden? Siehe, nun haben wir doch zurückgefunden. Der Cherub ist besiegt, die Frucht ist gepflückt."

Die Stimme des Herrn aber murmelte in den Wipfeln, und aus der Krone des Baumes der Erkenntnis flüsterte die Schlange:

"Gott wollte, daß Ihr nicht unwissende Kinder bliebet im Garten Eden. Ihr solltet freie Götter*werden. Wie aber konnte er Euch aus seinem eigenen Schutz lösen, wenn Ihr euch nicht selber befreitet? Darum gab er euch das Verbot, damit Ihr Euch empörtet und so zuerst Euer Selbst sprürtet. Oh, Ihr verstandet ihn, als Ihr von der Frucht aßet. Lange genug habt Ihr unter dem Kreuz um Gnade und Verzeihung gefleht für all die Verbrechen, die Ihr im Gefühl Eurer Sünde aufeinan-

---

* "Quantengötter!". Jeff Love, *Die Quantengötter", siehe Literatur.*

der gehäuft. So wisset denn: Ihr seid frei von Sünden. Die Kraft, die Euch trieb Ihm zu trotzen, ist ebenso göttliche Kraft, die von Ihm stammt, wie jene andere Kraft, die Euch Ihn und einander zu lieben treibt bis zur Selbsthingabe. Nur in der Empörung war jene Kraft böse. In Eurer Sündenangst war Eure Liebe schlecht. Nun aber verliert Adam auch noch die letzte Angst wegen seiner Empörung, nachdem Gott sie selber gut heißt, als in seinem verborgenen Willen gelegen, wie denn geschrieben steht: Wer überwindet, dem will ich zu essen geben von dem Holz des Lebens, das im Paradies Gottes ist. "Nun Ihr aber gegessen habt, ist Euch offenbar, daß Gut und Böse keine Gewalten mehr sind, stärker als Ihr selbst. In Euch ist die Kraft und Schönheit des gefallenen Engels sowie die Milde und Liebe des eingeborenen Sohnes.

Nicht länger sollt Ihr einander hassen, noch Euch selber kreuzigen. Liebet Euch selbst wie Euren Nächsten."

"Woran aber soll ich erkennen, daß Du die Wahrheit sprichst?" fragte Adam sinnend. Die Schlange sprach: "Hat Adam nicht vom Baume des Lebens gegessen?" Adam aber fühlte, daß er es war, der Lebendige, Allmächtige, der die Schlange so reden hieß. Einst hatte er durch ihren Mund sich selbst aus dem Paradies des Wissens vertrieben, irrend das Gute und Böse gesucht, sich selbst voll Angst vor der eigenen Sünde das Gesetz Moses gegeben und durch die Liebe des Heilands mutig davon erlöst, und nun zuletzt hatte er wissend zum Leben zurückgefunden.

Und Adam rief zitternd: "Herr wo bist Du?"

Die Stimme des Herrn aber antwortete aus ihm selber: "Hier bin ich!"

Am nächsten Morgen machten sich Adam und sein Weib zum zweitenmal auf, um aus dem Paradies über die Erde zu wandeln und sie sich untertan zu machen, wie Gott verheißen hatte, aber sie fanden das Tor des Gartens nicht. *Wohin sie auch ihre Füße setzten, vor ihrem Tritt erblühte der Garten Eden.**

---

*"Brevier für Einsame", von O.A. Schmitz, Georg Muller Verlag, 1923

LITERATURVERZEICHNIS

Argüelles, J.u.M. — Weiblich, weit wie der Himmel (Irisiana Verlag, 1979)

Assagioli, R.: — Handbuch der Psychosynthesis. Aurum Verlag 1978

Becsi, Kurt: — Galaktische Philosophie. Econ Verlag, Wien-Düsseldorf 1979

Bloch, Dr. W.: — Polarität. Drucker und Humblodt, Berlin

Bettelheim, Bruno: — Die symbolischen Wunden. Kindler Verlag, München 1975

Capra, F.: — Der Kosmische Reigen. Barth Verlag, München 1977

Duhm, Dieter: — Synthese der Wissenschaft. Kübler Verlag, Heidelberg 1979

Fester, R. u.a.: — Weib und Macht. Fischer TB 3716, 1980

Fiedeler, F.: — Die Wende (I-GING). Kristkeitz Verlag, Berlin 1977

Friedlaender, S.: — Schöpferische Indifferenz, Ernst Reinhard Verlag 1926
Katechismus der Magie, Aurum Verlag 1979

Gebser, Jean: — Ursprung und Gegenwart. DTV Verlag, Stuttgart 1973
Gesammelte Werke, Novalis Verlag

Govinda, Lama Anagarika: — Schöpferische Meditation und multidimensionales Bewußtsein. Aurum Verlag 1977 u.a. Werke

Graber, C.G.: — Die Erlösung vom Leiden. Zentr. Bl. für Psychotherapie 1939, Hirzelverlag, Leipzig

Guenther, H.V. — Tantra als Lebensanschauung, Scherz Verlag, Bern 1974

Huber, H.: — Psychologie des Mannes. Bern 1965

Illies, Joachim: — Drei Kulturforscher – Drei Bilder vom Menschen. A. Portmann, J. Gebser, J. Bachofen. Verlag A. Fromm, Osnabrück 1975
Theologie der Sexualität. 1981

Kessler, Dr. H.: — Das schöne Wagnis. Sokrates Verlag, Mannheim

Künkel, F.: — Die Arbeit am Charakter. Bahn Verlag

P. Lassalle-Enomiya: — ZEN – Weg zur Erleuchtung. Herder Verlag

Love, Jeff: — Die Quantengötter, Diederichs Verlag, Düsseldorf/Köln 1979

Lowen, A.: — Bio-Energetik. Rowohlt TB 1979

Louis, Sabine: — Sokrates – Ein Porträt. Sokrates Verlag, Mannheim P.F. 320102

Malinowsky, B.: — Magie, Wissenschaft und Religion, Fischer 1973

Mabry, Hannelore:	Der Feminist (Zeitschrift), Christrosenweg 5, München 70, Unkraut ins Parlament. Verlag A. Achenbach, Lollar üb. Giessen
Marcus, E.:	Theorie einer natürlichen Magie. Reinhard Verlag, München 1923 und Aurum Verlag, Freiburg, 1979 Kants Weltgebäude. Bouvier Verlag, Bonn 1969
Nitzschke, B.:	Männerwünsche – Männerängste. Matthes & Seitz, München 1980
Reich, W.:	Charakter-Analyse. Die sexuelle Revolution. Fischer TB 1971
Schmitz, O.A.H.:	Brevier für Einsame. Georg Müller Verlag, München 1923
Schönberger, M.:	Verlorener Schlüssel zum Leben, Weltformel I-GING im Genetischen Code. Scherz Verlag 1981 erweiterte Englische Ausgabe: Hidden Key to Life – The I-GING and the Genetic Code. New-York ASI, Publ. NY 10016 Das magische Prinzip der Natur (Kommentar zu Friedlaender: Katechismus der Magie) Aurum Verlag 1979
Swedenborg, Emanuel:	op. cit. u.a. Werke. Swedenborg Verlag Zürich
Thartang – Tulku:	Psychische Energie durch seelisches Gleichgewicht, Aurum Verlag 1979
Uchiyama, Roshi:	ZEN – Weg zum Selbst. Barth Verlag, München
Wilhelm, R.:	I-GING Das Buch der Wandlungen, Diederichs Verlag, Köln-Düsseldorf
Wing:	I-GING, Arbeitsbuch, Diederichs Verlag, 1980
Yüan-Kuang:	I-GING. Barth Verlag, München
Sammelbände:	Polarität als Weltgesetz und Lebensprinzip. Verlag der Humboldt-Gesellschaft, Mannheim – und Ursprung und Gegenwart des integralen Bewußtseins. (DTV-Verlag München, 1973) Bes. empfehlenswerte sinngleiche Information: Sukie Colegrave, Yin und Yang, O.W. Barth Verlag Bern 1980
Köhne, Dr. O.	**Polarität**, Einführung in die Polaritätstheorie, Sokrates Verlag, Mannheim, 1981.

Das andere Buch papyrus extra
papyrus-Verlag GmbH
2000 Hamburg 13

Spirituelle Hebammen **Ina May Gaskin**

Die Farm ist eine Gemeinschaft von weit über eintausend Menschen, die auf einem mehrere Hektar großen Gebiet in Tennessee leben. Seit vielen Jahren arbeiten sie an einem Modell der Autarkie, das alle Lebensbereiche einschließt. Die Aktivitäten der Tennessee-Farm basieren auf der Grundlage, die von ihrem Lehrer Stephen Gaskin vermittelt wird. Die Farm verfügt über eine eigene Landwirtschaft, Werkstätten, Schule, Klinik, Telefonnetz usw. Die Menschen der Farm ernähren sich vegetarisch, die Form ihrer Geburtshilfe gilt als vorbildlich. Die Tennessee-Farm ist zur Zeit das größte Modell alternativen Zusammenlebens.
Hunderten von kleinen Menschen haben die „Farm-Hebammen" den Weg von einem in den anderen Zustand des Daseins erleichtert. Im Kontrast zu schulmedizinisch-mechanischen Abläufen sehen die Hebammen der Farm ein geistiges Konzept, einen Vorgang, in den alle mittelbar und unmittelbar Beteiligten einbezogen werden. Die in diesem Werk aufgezeichneten Berichte wurden von Menschen geschrieben, die auf der Tennessee-Farm Mütter und Väter wurden. Ihre Darstellungen sind ergreifend offen und eindringlich. Die Geschichten sind sehr persönlich, ja intim, sie sprechen von Mensch zu Mensch und lassen sich nicht besser mitteilen.